BUEN PROVECHO

Patatas

Jenny Stacey

Queen Street House
4 Queen Street
Bath BA1 1HE, RU

Concepción: Haldane Mason

Traducción del inglés: Montserrat Ribas
para Equipo de Edición, S.L., Barcelona
Redacción y maquetación:
Equipo de Edición, S.L., Barcelona

Impreso en China

ISBN: 1-40541-490-1

Nota

Una cucharada equivale a 15 ml. Si no se indica otra cosa, la leche será entera, los huevos, de tamaño medio (nº 3), y la pimienta, pimienta negra molida.

Sumario

Introducción

La patata es un tubérculo que se cultiva en casi todos los países del mundo. Existen muchas variedades, propias de cada país, cada una de ellas con una cualidad o propiedad diferente. Como resultado, la patata es adecuada para la mayoría de los estilos culinarios, y quizás el alimento básico más versátil: ha sido reconocida como uno de los cultivos más importantes para el consumo humano. Rusia, Polonia y Alemania son los principales productores, seguidos de cerca por Holanda, Chipre e Irlanda.

Al año se consume un promedio de 109 kg de patatas *per cápita*, lo que no es una mala noticia si se tienen en cuenta las cualidades nutritivas de este apreciado tubérculo. La ración media de 225 g de patatas aporta 180 calorías, y contiene proteínas, almidón y fibra, además de ser una buena fuente de vitamina C. La mayor parte de las vitaminas se encuentran justo bajo la piel, motivo por el cual se suele sugerir que la patata se cueza con la piel y sólo se pele después. Si se cocina sin grasa, la patata puede desempeñar un papel primordial en una dieta de adelgazamiento, hecho que en el pasado se ponía en duda.

Pero la patata no siempre ha gozado de tan buena reputación. Es originaria de Sudamérica y se cree que ya existía en el tercer milenio a.C. Cultivada por los incas con el nombre de papa, no se conoció en el resto del mundo hasta que, en el siglo XVI, Francisco Pizarro conquistó Perú. El comercio de minerales atrajo hacia allí a mucha gente, que, a su vez, exportó la patata al resto del mundo. Entonces se conocía con diversos nombres, que reflejaban los diferentes métodos de cocción de los indios. Ya en aquella remota época de la historia, la patata se consumía tanto fresca, durante su temporada, como seca, fuera de ella. Hoy día, por la comodidad de su comercialización, por su precio y por su versatilidad, la patata goza de gran popularidad en el mercado alimentario.

La patata llegó a Europa a través de España, y su nombre cambió gradualmente, de papa a batata. En seguida se hizo famosa por sus cualidades tanto nutritivas como curativas: los italianos creían que las heridas se curaban frotando la zona afectada con una patata cocida. El papa Pío IV en concreto, que creía en ello, se hizo enviar patatas con ocasión de una enfermedad que padeció, y después empezó a cultivarlas en Italia. A continuación la patata pasó a Bélgica, Alemania, Suiza y Francia, pero no se hizo popular en las islas británicas hasta que Francis Drake viajó al Nuevo Mundo y consumió ávidamente patatas junto con los hambrientos colonos ingleses.

Con el tiempo repatriados por sir Walter Raleigh, los colonos introdujeron la patata en Gran Bretaña, donde Raleigh la cultivó en sus propias tierras. También fue él quien la hizo llegar a Irlanda, donde se descubrió que las propiedades del suelo eran ideales para su cultivo. Los irlandeses, que en esa época pasaban hambre, pronto adoptaron la patata como algo propio, y se convirtió para ellos en un producto básico.

Actualmente existen muchas variedades de patata, cada una de ellas adecuada para un tipo de cocción distinto: para asar, hervir, hornear, hacer puré o freír. Lo que la hace tan versátil es su consistencia, y el hecho de que absorbe con facilidad otros sabores.

SELECCCIÓN Y UTILIZACIÓN DE LAS PATATAS

Busque una patata consistente, de forma regular, rojiza o amarillenta, con la piel suave y firme. Evite las verdosas o germinadas, pues su sabor será amargo y su nivel de sustancias tóxicas naturales –glicoalcaloides–, más elevado. Guarde las patatas en un lugar fresco, oscuro y seco, pues con un exceso de luz se vuelven de color verdoso.

Las recetas de este libro le abrirán las puertas de todo un mundo de deliciosas posibilidades, desde sustanciosas sopas y ensaladas, estupendos tentempiés y guarniciones hasta ricos platos principales y horneados, todos ellos basados en este alimento básico, fiable y delicioso. Las opciones satisfarán a todo el mundo, tanto a quienes desean adelgazar como a los vegetarianos, y, por supuesto, a los entusiastas de las patatas.

TIPOS DE PATATA

Se conocen aproximadamente tres mil clases de patata, pero sólo cien son de cultivo generalizado. A continuación se ofrece una breve descripción de los tipos más populares de patata que se pueden encontrar en el mercado y sus usos, que servirá de guía para elaborar las recetas de este libro.

Baraka: *patata de forma ovalada y gruesa, tiene la piel recia, amarilla. La carne también es amarilla. Se trata de una patata tardía que se conserva bien. Resulta ideal para asar a la brasa y hornear, pero también es adecuada para freír.*

Bintje: *se trata de una patata de origen holandés reconocida por su calidad y versatilidad en el mundo entero. Los tubérculos son grandes, ovalados, de forma regular. La piel, amarilla, presenta ojos superficiales, y la carne es de un amarillo claro. Es una patata semitardía. Se recomienda en especial para asar, incluso en el microondas.*

Boniato: *se trata de un tubérculo dulce, con la pulpa de color naranja. Es adecuado para asar con la piel, pero también para otros usos quizá no tan habituales, como por ejemplo elaborar pasteles, y también platos salados.*

Desirée: *es una patata de gran calidad, harinosa. Los tubérculos son ovalados y alargados, con la piel rosada, ojos superficiales y la carne amarilla. Como la mayoría de las patatas semitardías, es adecuada para freír, pero también para asar, hervir y preparar purés.*

Draga: *de maduración semitardía, es redonda, con ojos semiprofundos y la piel blanca amarillenta. La carne es de un amarillo claro. Es especialmente adecuada para freír.*

Fénix: *la forma de esta patata es redonda, ligeramente aplastada. Tiene unos ojos algo acentuados, la piel es amarilla y la carne, de un blanco amarillento. Es de maduración semitardía y, por lo tanto, adecuada sobre todo para freír. Bajo esta variedad se incluyen las patatas llamadas palogan y katahdin.*

Flamenco: *es una patata nueva o semitardía, de forma ovalada y gruesa, con la piel rojiza y la carne blanca. Las nuevas son idóneas para hacer al vapor, con la piel para conservar la mayor cantidad de vitaminas posible. Todas se pueden asar a la brasa y hornear, así como freír.*

Kennebec: *de forma elíptica achatada, son patatas de tamaño grueso. La piel es recia, de un amarillo claro, y la carne, blanca. Se trata de una patata de maduración tardía. Es adecuada para asar a la brasa y al horno, aunque también para freír.*

Monalisa: *se trata de una patata de gran calidad, semitardía. Los tubérculos son de un calibre cómodo: gruesos, uniformes, ovalados y alargados. Tanto la piel como la carne son de un amarillo claro. Su textura firme y tendiendo a seca hace de ella una patata ideal para freír. Los ejemplares más pequeños son muy recomendables para elaborar delicadas guarniciones.*

Nagore: *tubérculos de forma ovalada y alargada, con la piel roja con ojos profundos, y la carne, de un amarillo pálido. Es una patata de maduración semitardía y de buena calidad, adecuada para varios usos, pero en especial para freír.*

Red pontiac: *tubérculo de maduración temprana, redondo u ovalado, con la piel roja, semilisa, y ojos medianamente profundos. La carne es blanca. Estas patatas son idóneas para cocer porque no se deshacen.*

Turia: *se trata de una patata de maduración tardía o semitardía, de buena calidad, adecuada para una gran variedad de usos. La piel es rosada, con ojos semiprofundos, y la carne, amarillenta.*

Sopas y ensaladas

Las patatas constituyen la base de muchas sopas caseras, deliciosas y de fácil preparación, ya que son el ingrediente perfecto para espesar además de aportar su discreto sabor. Con sólo unos pocos ingredientes más dispondrá de una amplia selección de sopas por un bajo coste. Añada unas hierbas, cebolla, ajo, carne, pescado o verduras, aderécelas con hierbas frescas o picatostes, o simplemente sírvalas con pan crujiente, tanto para un primer plato ligero como para una comida de plato único.

También encontrará en este capítulo varias ensaladas basadas en la patata. Además de las populares ensaladas cremosas de patata aderezadas con hierbas, otras recetas tentarán a su paladar. Aquí hallará tanto platos clásicos como innovadoras alternativas; ensaladas adecuadas para un almuerzo ligero así como otras más completas que se pueden servir como plato principal. Otras también resultan ideales para barbacoas y meriendas campestres.

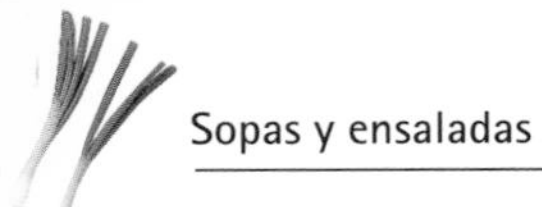

Sopa de cebolla y boniato

En esta sencilla receta el boniato, con su característico sabor y color, se utiliza como base para una deliciosa sopa con un toque de naranja y cilantro.

Para 4 personas

INGREDIENTES

- 2 cucharadas de aceite vegetal
- 900 g de boniatos cortados en dados
- 1 zanahoria cortada en dados
- 2 cebollas cortadas en rodajas
- 2 dientes de ajo chafados
- 600 ml de caldo vegetal
- 300 ml de zumo de naranja sin azúcar
- 225 ml de yogur natural
- 2 cucharadas de cilantro fresco picado
- sal y pimienta

PARA DECORAR:

- ramitas de cilantro
- ralladura de naranja

1 Caliente el aceite vegetal en una cazuela grande y añada los boniatos y la zanahoria en dados, la cebolla y el ajo. Saltee suavemente durante 5 minutos, sin dejar de remover.

2 Incorpore el caldo de verduras y el zumo de naranja y llévelo a ebullición.

3 Reduzca la temperatura, cubra la cazuela y cueza las verduras durante 20 minutos a fuego lento o hasta que el boniato y la zanahoria estén tiernos.

4 Pase la mezcla a una batidora y bata durante 1 minuto para hacer un puré. Vuelva a poner el puré en la cazuela, después de limpiarla con agua.

5 Agregue el yogur natural y el cilantro picado y salpimente al gusto. Sirva la sopa adornada con ramitas de cilantro y ralladura de naranja.

SUGERENCIA

Puede enfriar esta sopa en la nevera antes de servirla. En este caso, añada el yogur justo antes de llevarla a la mesa y sírvala en cuencos fríos.

Sopa de patata, manzana y ruqueta

La ruqueta es una verdura de sabor ligeramente amargo que se ha puesto de moda servir en ensalada. También le da un delicado tono verdoso a esta sopa.

Para 4 personas

INGREDIENTES

4 cucharadas de mantequilla
900 g de patatas mantecosas cortadas en dados
1 cebolla roja cortada en cuartos
1 cucharada de zumo de limón
1 litro de caldo de pollo
450 g de manzanas de postre, peladas y cortadas en dados
1 pizca de pimienta de Jamaica molida
50 g de hojas de ruqueta
sal y pimienta

PARA DECORAR:
rodajas de manzana roja
cebolleta picada

1 Derrita la mantequilla en una cazuela grande y saltee a fuego suave las patatas cortadas en dados y la cebolla en cuartos 5 minutos, sin dejar de remover.

2 Agregue el zumo de limón, el caldo de pollo, las manzanas en dados y la pimienta de Jamaica.

3 Llévelo a ebullición, baje el fuego, tape la cazuela y déjelo cocer 15 minutos.

4 Incorpore la ruqueta a la sopa y déjela al fuego otros 10 minutos, hasta que las patatas estén totalmente cocidas.

5 Pase la mitad de la sopa a una batidora o picadora y bata durante 1 minuto. Coloque el puré en la cazuela para mezclarlo con el resto de la sopa.

6 Salpimente al gusto. Vierta la sopa en cuencos precalentados y aderécela con rodajas de manzana y la cebolleta picada. Sírvala muy caliente, con pan crujiente.

SUGERENCIA

Si no encuentra ruqueta utilice espinacas tiernas para obtener un sabor similar.

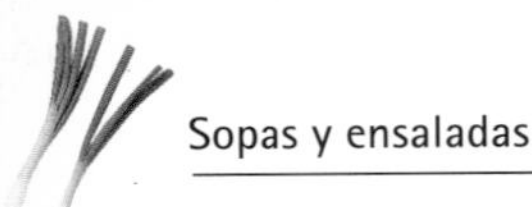

Sopa india de guisantes y patata

El sabor característico indio, ligeramente picante y especiado, lo aportan la garam masala, *la guindilla, el comino y el cilantro.*

Para 4 personas

INGREDIENTES

2 cucharadas de aceite vegetal
225 g de patatas mantecosas cortadas en dados
1 cebolla grande picada
2 dientes de ajo chafados
1 cucharadita de *garam masala*
1 cucharadita de cilantro molido
1 cucharadita de comino molido
900 ml de caldo vegetal
1 guindilla roja picada
100 g de guisantes congelados
4 cucharadas de yogur natural
sal y pimienta
cilantro fresco picado, para adornar

1 Caliente el aceite vegetal en una cazuela grande y añada las patatas, la cebolla y el ajo. Saltee suavemente durante 5 minutos, sin dejar de remover.

2 Incorpore las especias molidas y rehogue durante 1 minuto, sin dejar de remover.

3 Agregue el caldo vegetal y la guindilla roja molida y lleve la preparación a ebullición. Reduzca la temperatura y cuézala a fuego suave 20 minutos o hasta que las patatas empiecen a deshacerse.

4 Añada los guisantes y cueza la sopa otros 5 minutos. Agregue el yogur y salpimente al gusto.

5 Vierta la sopa en boles precalentados, aderécela con cilantro fresco picado y sírvala caliente con pan también caliente.

SUGERENCIA

Las patatas combinan muy bien con las especias. Para un auténtico plato exótico, sirva la sopa con un pan indio tipo naan *caliente.*

VARIACIÓN

Para que la sopa no quede tan picante, despepite la guindilla antes de incorporarla. Lávese siempre las manos después de tocar guindillas, porque contienen aceites volátiles que pueden irritar la piel y escocer en los ojos si se toca la cara.

Sopa de brécol y patata

Esta cremosa sopa tiene un bonito color verde pálido y un exquisito sabor, resultado de combinar el brécol tierno con el queso azul.

Para 4 personas

INGREDIENTES

- 2 cucharadas de aceite de oliva
- 2 patatas cortadas en dados
- 1 cebolla cortada en dados
- 225 g de ramitos de brécol
- 125 g de queso azul desmenuzado
- 1 litro de caldo vegetal
- 150 ml de nata líquida espesa
- 1 pizca de pimentón
- sal y pimienta

1 Caliente el aceite en una cazuela y saltee a fuego suave las patatas y la cebolla cortadas en dados 5 minutos, removiendo.

2 Reserve unos cuantos ramitos de brécol para decorar y ponga el resto en la cazuela. Añada el queso y el caldo.

3 Cuando hierva, cubra la cazuela y cuézalo a fuego lento 25 minutos, hasta que las patatas estén tiernas.

4 Transfiera la sopa a una batidora o picadora, en dos tandas, y bata hasta obtener un puré fino.

5 Vierta el puré en una cazuela limpia y agregue la nata líquida y la pizca de pimentón. Salpimente al gusto.

6 Escalde los ramitos de brécol reservados en agua hirviendo durante 2 minutos y escúrralos con una espumadera.

7 Vierta la sopa en cuencos calientes, coloque encima los ramitos de brécol y espolvoree con pimentón. Sírvala de inmediato.

SUGERENCIA

Puede congelar esta sopa sin ningún problema. Siga las instrucciones hasta el paso 4 y congélela después de hacer el puré. Añada la nata líquida, el pimentón y los ramitos de brécol justo antes de servirla.

Sopa de patata y setas secas

Actualmente pueden encontrarse muchas variedades de setas secas en el mercado. Son un poco caras, pero el intenso sabor que aportan a los platos justifica su precio.

Para 4 personas

INGREDIENTES

- 2 cucharadas de aceite vegetal
- 2 patatas grandes y mantecosas, cortadas en rodajas
- 1 cebolla cortada en rodajas
- 2 dientes de ajo chafados
- 1 litro de caldo de carne
- 25 g de setas secas
- 2 tallos de apio cortados en rodajas
- 2 cucharadas de brandi
- sal y pimienta

ACOMPAÑAMIENTO:

- 3 cucharadas de mantequilla
- 2 rebanadas gruesas de pan de molde blanco, sin corteza
- 3 cucharadas de parmesano rallado

PARA DECORAR:

- setas secas rehidratadas
- ramitas de perejil

1 Caliente el aceite vegetal en una sartén grande y saltee las rodajas de patata y cebolla y el ajo a fuego moderado 5 minutos, sin dejar de remover.

2 Agregue el caldo de carne, las setas secas y el apio en rodajas. Llévelo a ebullición, reduzca la temperatura y deje cocer la sopa durante 20 minutos, hasta que las patatas estén tiernas.

3 Mientras tanto, derrita en la sartén la mantequilla para freír el pan. Espolvoree las rebanadas con el queso rallado y fríalas 1 minuto por cada lado, hasta que estén crujientes. Corte cada rebanada en dos triángulos.

4 Incorpore en la sopa el brandi, la sal y la pimienta. Viértala en boles calientes y coloque encima los triángulos de pan. Sírvala adornada con las setas y el perejil.

SUGERENCIA

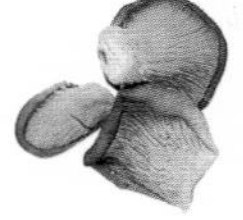

Probablemente la seta seca más popular es el boleto comestible (boletus edulis), *en francés,* cèpe, *pero cualquiera dará un estupendo sabor a esta sopa. Si prefiere las setas frescas, utilice 125 g de champiñones, o la variedad que desee, en láminas.*

1

2

3

Sopa de patata, guisantes secos y queso

Los guisantes secos son más dulces que otras variedades de legumbres y se deshacen al cocerlos, lo que los convierte en un buen espesante para sopas.

Para 4 personas

INGREDIENTES

2 cucharadas de aceite vegetal
2 patatas mantecosas, sin pelar, cortadas en dados
2 cebollas cortadas en dados
75 g de guisantes secos
1 litro de caldo vegetal
5 cucharadas de queso gruyère rallado
sal y pimienta

PICATOSTES:
3 cucharadas de mantequilla
1 diente de ajo chafado
1 cucharada de perejil fresco picado
1 rebanada gruesa de pan de molde blanco, cortada en dados

1 Caliente el aceite en una cazuela grande y saltee las patatas y las cebollas cortadas en dados a fuego moderado 5 minutos, sin dejar de remover.

2 Incorpore los guisantes secos y remueva para que todo quede bien mezclado.

3 Vierta el caldo en la cazuela y llévelo a ebullición. Reduzca la temperatura y cuézalo a fuego lento durante 35 minutos, hasta que las patatas estén tiernas y los guisantes bien cocidos.

4 Mientras tanto, para preparar los picatostes, derrita la mantequilla en una sartén. Añada el ajo, el perejil picado y los dados de pan y fríalos unos 2 minutos, dándoles la vuelta varias veces, hasta que estén uniformemente dorados.

5 Incorpore el queso rallado en la sopa y salpimente al gusto.

6 Vierta la sopa en cuencos calientes y reparta los picatostes. Sírvala de inmediato.

VARIACIÓN

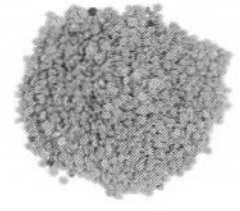

Para otener una sopa de un color intenso, puede utilizar lentejas pardinas en lugar de guisantes secos. En este caso, añada una buena pizca de azúcar moreno para darle un toque dulce.

2

4

5

Sopa de puerro, patata y beicon

La sopa de puerro y patata es todo un clásico. En este caso su sabor se resalta con unos trocitos de beicon ahumado y se enriquece con nata líquida para darle un toque especial.

Para 4 personas

INGREDIENTES

25 g de mantequilla
175 g de patatas cortadas en dados
4 puerros cortados en juliana
2 dientes de ajo chafados
100 g de beicon ahumado cortado en dados
900 ml de caldo vegetal
225 ml de nata líquida espesa
2 cucharadas de perejil fresco picado
sal y pimienta

PARA DECORAR:
aceite vegetal
1 puerro cortado en juliana

1 Derrita la mantequilla en una cazuela grande y saltee suavemente 5 minutos las patatas, los puerros, el ajo y el beicon, sin dejar de remover.

2 Agregue el caldo de verduras y llévelo a ebullición. A fuego lento y con la cazuela tapada, hierva la sopa durante 20 minutos, hasta que las patatas estén cocidas. Agregue la nata líquida.

3 Mientras tanto, prepare las tiras de puerro para decorar. Caliente abundante aceite a 180-190 °C o hasta que un dado de pan se dore en 30 segundos. Fría el puerro cortado en juliana 1 minuto o hasta que esté dorado y crujiente; hágalo con cuidado ya que suelta mucha agua. Escúrralo bien sobre papel absorbente y resérvelo.

4 Reserve unos trocitos de patata, puerro y beicon. Ponga la sopa en una batidora o picadora, en tandas, y bata cada una de ellas 30 segundos. Vierta la crema en la cazuela y caliéntela bien.

5 Añada los trozos de patata, puerro y beicon reservados, así como el perejil, y sazone a su gusto. Sirva la sopa en boles calientes, adornada con la juliana de puerro frita.

VARIACIÓN

Para una sopa más ligera, al final de la cocción sustituya la nata líquida espesa por yogur o nata líquida baja en grasa.

1

2

3

Sopa de patata, col y chorizo

Para esta receta se utilizará el clásico chorizo español, cuyo aroma único refuerza el sabor de muchos platos tradicionales.

Para 4 personas

INGREDIENTES

2 cucharadas de aceite de oliva
3 patatas grandes cortadas en dados
2 cebollas rojas cortadas en cuartos
1 diente de ajo chafado
1 litro de caldo vegetal o de cerdo
150 g de repollo de Milán cortado en juliana
50 g de chorizo cortado en rodajas
sal y pimienta
pimentón para espolvorear

1 Caliente el aceite de oliva en una cazuela grande y saltee las patatas, la cebolla y el ajo a fuego moderado 5 minutos, sin dejar de remover.

2 Agregue el caldo y llévelo a ebullición. Reduzca la temperatura y tape la cazuela. Cueza las verduras a fuego lento unos 20 minutos, hasta que las patatas estén tiernas.

3 Bata la sopa en la batidora, en dos tandas, durante 1 minuto cada una. Vierta esta crema clara en una cazuela limpia.

4 Incorpore el repollo cortado en juliana y las rodajas de chorizo y cueza la sopa otros 7 minutos. Salpimente al gusto.

5 Sirva la sopa en boles calientes, espolvoreada con un poco de pimentón.

SUGERENCIA

No hace falta precocinar el chorizo. En esta receta se añade al final de la cocción para que su sabor no predomine sobre los demás.

VARIACIÓN

En lugar de chorizo se puede utilizar cualquier otro tipo de salchicha especiada, o incluso salami.

Caldo chino de patata y carne de cerdo

En esta receta, la carne de cerdo se macera con ingredientes tradicionales chinos: salsa de soja, vinagre de vino de arroz y un chorrito de aceite de sésamo.

Para 4 personas

INGREDIENTES

1 litro de caldo de pollo
2 patatas grandes cortadas en dados
2 cucharadas de vinagre de vino de arroz
125 g de filete de cerdo, cortado en tiras
2 cucharadas de harina de maíz
4 cucharadas de agua
1 cucharada de salsa de soja
1 cucharadita de aceite de sésamo
1 zanahoria, cortada en juliana muy fina
1 cucharadita de jengibre picado
3 cebolletas cortadas en rodajitas finas
1 pimiento rojo cortado en rodajas
225 g de tallos de bambú escurridos

1 En una cazuela, lleve a ebullición el caldo de pollo con las patatas cortadas en dados y 1 cucharada de vinagre de vino de arroz. Reduzca la temperatura y siga cociéndolo a fuego lento.

2 En un cuenco pequeño, deslía la harina de maíz en agua. Vierta la mezcla en el caldo.

3 Removiendo, lleve de nuevo el caldo a ebullición. Cuando se espese, baje la temperatura y vuelva a dejarlo a fuego lento.

4 Ponga la carne de cerdo en un plato llano y déjela en adobo con el resto del vinagre de vino, la salsa de soja y el aceite de sésamo.

5 Incorpore las tiras de carne, la zanahoria y el jengibre en el caldo y cuézalo unos 10 minutos. Por último, agregue la cebolleta, el pimiento y los tallos de bambú. Déjelo cocer otros 5 minutos.

6 Vierta la sopa en cuencos calientes y sírvala a la mesa inmediatamente.

SUGERENCIA

El aceite de sésamo tiene un sabor muy fuerte, y por lo tanto sólo se debe usar en cantidades mínimas.

VARIACIÓN

Si desea un toque picante, en el paso 5 añada 1 guindilla roja picada o 1 cucharadita de guindilla en polvo.

4

5

5

Sopa de tacos de patata con carne

Este plato es ideal para entrar en calor en un frío día de invierno: los trozos de carne, las patatas y los varios tipos de verdura se hierven en un jugo cuyo sabor se ve reforzado por el jerez.

Para 4 personas

INGREDIENTES

2 cucharadas de aceite vegetal
225 g de carne de vacuno para brasear o freír, cortada en tiras
225 g de patatas nuevas, cortadas por la mitad
1 zanahoria cortada en dados
2 tallos de apio cortados en rodajas
2 puerros cortados en rodajas
900 ml de caldo de carne
8 mazorquitas de maíz, cortadas en rodajas
1 ramillete de hierbas para el caldo
2 cucharadas de jerez seco
sal y pimienta
perejil fresco picado, para decorar

1 Caliente el aceite vegetal en una cazuela grande y sofría las tiras de carne unos 3 minutos, sin dejar de remover.

2 Añada la patata, la zanahoria, el apio y el puerro. Saltee durante 5 minutos más, removiendo.

3 Vierta el caldo de carne en la cazuela y llévelo a ebullición. Reduzca la temperatura hasta que deje de hervir, y a continuación incorpore las mazorquitas de maíz y el ramillete de hierbas.

4 Cueza la sopa durante otros 40 minutos, o hasta que la carne y todas las verduras estén bien tiernas.

5 Retire el ramillete de hierbas de la cazuela. Vierta el jerez en la sopa y a continuación salpimente al gusto.

6 Vierta la sopa en boles calientes y espolvoree con el perejil fresco picado para decorar. Sírvala inmediatamente, acompañada con trozos de pan crujiente recién hecho.

SUGERENCIA

Prepare el doble de sopa y congele la que no vaya a usar en un recipiente rígido para otra ocasión. Cuando quiera servirla, descongélela totalmente en la nevera y después caliéntela bien al fuego.

1

3

5

Sopa de pescado y patata

Cualquier combinación de pescados es adecuada para esta receta, desde un sencillo pescado blanco con otro ahumado hasta salmón o mejillones, según la ocasión.

Para 4 personas

INGREDIENTES

- 2 cucharadas de aceite vegetal
- 450 g de patatas nuevas pequeñas, cortadas por la mitad
- 1 manojo de cebolleta cortada en rodajitas
- 1 pimiento amarillo cortado en rodajas
- 2 dientes de ajo chafados
- 225 ml de vino blanco seco
- 600 ml de caldo de pescado
- 225 g de filete de pescado blanco, sin piel y cortado en dados
- 225 g de filete de bacalao ahumado, sin piel y cortado en dados
- 2 tomates pelados, despepitados y picados
- 100 g de gambas cocidas peladas
- 150 ml de nata líquida espesa
- 2 cucharadas de albahaca fresca cortada en tiras

1 Caliente el aceite vegetal en una cazuela grande y añada las patatas, la cebolleta, el pimiento y el ajo. Saltee suavemente durante 3 minutos, sin dejar de remover.

2 Agregue el vino blanco y el caldo de pescado y llévelo a ebullición. Reduzca la temperatura y cuézalo a fuego lento durante 10-15 minutos.

3 Incorpore el pescado cortado en dados y el tomate y cuézalo unos 10 minutos más o hasta que el pescado esté en su punto.

4 Añada las gambas, la nata líquida y la albahaca y cueza la sopa otros 2-3 minutos más. Sírvala en boles calientes.

SUGERENCIA

La albahaca se añade al final de la cocción porque el calor destruye rápidamente su sabor.

VARIACIÓN

Para hacer una sopa un poco más ligera, suprima el vino y sustituya la nata líquida espesa por yogur natural.

2

3

4

Ensalada de patata, alubias y manzana

Esta receta se puede elaborar con cualquier combinación de alubias que se tenga a mano, pero cuanta mayor variedad, más colorida será la ensalada.

Para 4 personas

INGREDIENTES

225 g de patatas nuevas, limpias y cortadas en cuartos
225 g de alubias en conserva de varios tipos (judías rojas, frijoles negros, alubias pintas), escurridas y lavadas
1 manzana roja en dados macerada con 1 cucharada de zumo de limón
1 pimiento amarillo pequeño en dados
1 chalote cortado en rodajas
1/2 bulbo de hinojo en rodajas
hojas de lechuga tipo roble

ALIÑO:
1 cucharada de vinagre de vino tinto
2 cucharadas de aceite de oliva
1/2 cucharada de mostaza americana
1 diente de ajo chafado
2 cucharaditas de tomillo fresco picado

1 Cueza las patatas cortadas en cuartos en agua hirviendo durante 15 minutos, hasta que estén tiernas. Escúrralas y páselas a un cuenco grande.

2 Incorpore la mezcla de alubias a las patatas, junto con los dados de manzana, el pimiento, el chalote y el hinojo. Mezcle bien, sin romper las patatas.

3 En otro cuenco, mezcle bien los ingredientes del aliño y viértalo por encima de la ensalada.

4 Ponga un lecho de hojas de lechuga en una ensaladera y con una cuchara coloque la mezcla de patatas y alubias en el centro.

SUGERENCIA

Se han usado alubias en conserva por comodidad, pero también se pueden utilizar alubias secas. Déjelas en remojo durante 8 horas o una noche, escúrralas y hiérvalas 10 minutos; luego, cuézalas a fuego lento hasta que estén tiernas.

VARIACIÓN

Si desea variar el sabor, utilice mostaza de Dijon o de grano entero en lugar del tipo americano.

2

Ensalada de patata, remolacha y pepino con aliño de eneldo

La remolacha le da a este plato un color intenso, pues tiñe la patata de un atractivo tono rosado. Al añadir rodajitas finas de pepino, se obtiene una ensalada que destaca por su colorido.

Para 4 personas

INGREDIENTES

450 g de patatas mantecosas, cortadas en dados
4 remolachas pequeñas, cocidas y cortadas en rodajas
1/2 pepino pequeño, cortado en rodajitas finas
2 pepinillos encurtidos grandes sazonados con eneldo, cortados en rodajas
1 cebolla roja, cortada por la mitad y después en rodajas
ramitas de eneldo, para decorar

ALIÑO:
1 diente de ajo chafado
2 cucharadas de aceite de oliva
2 cucharadas de vinagre de vino tinto
2 cucharadas de eneldo fresco picado
sal y pimienta

1 Cueza las patatas cortadas en cuartos en agua hirviendo 15 minutos o hasta que estén tiernas. Escúrralas y páselas a un cuenco.

2 Cuando se hayan enfriado, mezcle en el cuenco las patatas y la remolacha; resérvelo.

3 Coloque las rodajas de pepino en una fuente; disponga los pepinillos y la cebolla. Con una cuchara, ponga la mezcla de patata y remolacha en el centro.

4 Mezcle bien los ingredientes del aliño en un cuenco y viértalo sobre la ensalada.

5 Sirva la ensalada enseguida, adornada con el eneldo.

SUGERENCIA

Si prepara la ensalada con tiempo, no mezcle las patatas y la remolacha hasta el momento de servirla, porque la remolacha perdería color.

VARIACIÓN

Coloque alrededor de la fuente hojas de endivia, y disponga el pepino, el pepinillo encurtido y las rodajas de cebolla roja por encima.

2

3

4

Ensalada de patata, rábano y pepino

Los rábanos y el aliño de hierbas y mostaza dan a esta apetitosa ensalada un sabor a mostaza ligeramente picante que combina muy bien con las patatas.

Para 4 personas

INGREDIENTES

450 g de patatas nuevas, limpias y partidas por la mitad
1/2 pepino cortado en rodajitas
2 cucharaditas de sal
1 manojo de rábanos en rodajitas

ALIÑO:
1 cucharada de mostaza de Dijon
2 cucharadas de aceite de oliva
1 cucharada de vinagre de vino blanco
2 cucharaditas de hierbas variadas, picadas

1 Cueza las patatas en agua hiviendo durante 10-15 minutos o hasta que estén tiernas. Escúrralas y deje que se enfríen.

2 Mientras tanto, extienda las rodajas de pepino sobre un plato y espolvoréelas con sal. Déjelas reposar 30 minutos y páselas bajo el grifo de agua fría. Séquelas con papel de cocina.

3 Disponga las rodajas de pepino y rábano en una fuente, formando un dibujo decorativo, y apile las patatas cocidas en el centro.

4 En un cuenco pequeño, mezcle todos los ingredientes del aliño. Viértalo sobre la ensalada, procurando que quede bien recubierta. Déjela un rato en la nevera antes de servirla.

SUGERENCIA

El pepino aporta a la ensalada no sólo color sino también frescura. Déjelo reposar con sal para eliminar el exceso de agua y que la ensalada no quede empapada. Lávelo bien para eliminar toda la sal antes de incorporarlo a la ensalada.

VARIACIÓN

El suave y característico sabor de la mostaza de Dijon no enmascara el de los demás ingredientes. Si no tiene, utilice cualquier otra mostaza suave (la inglesa sería demasiado fuerte en este caso).

2

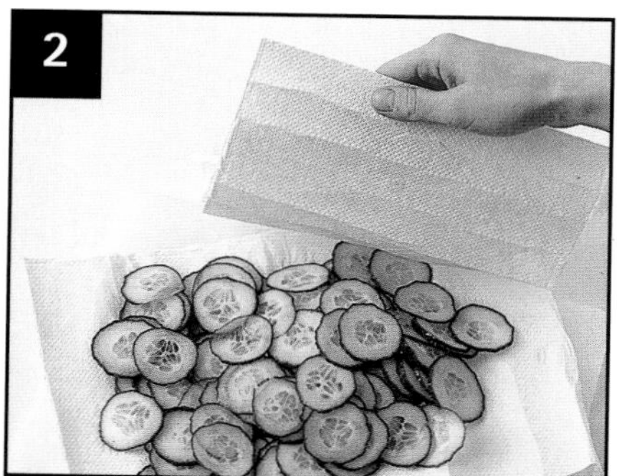
2

3

Ensalada de boniato y plátano

En esta ensalada el sabor dulce del boniato y el plátano frito se combina con el color de los pimientos. Aliñada con una salsa de miel y con un toque de crujientes picatostes, resulta deliciosa.

Para 4 personas

INGREDIENTES

450 g de boniatos cortados en dados
50 g de mantequilla
1 cucharada de zumo de limón
1 diente de ajo chafado
1 pimiento rojo cortado en dados
1 pimiento verde cortado en dados
2 plátanos cortados en rodajas gruesas
2 rebanadas gruesas de pan de molde, sin corteza, cortadas en dados
sal y pimienta

ALIÑO:
2 cucharadas de miel
2 cucharadas de cebollino fresco picado
2 cucharadas de zumo de limón
2 cucharadas de aceite de oliva

1 Cueza los boniatos en agua hirviendo 10-15 minutos, hasta que estén tiernos. Escúrralos bien y resérvelos.

2 Mientras tanto, derrita la mantequilla en una sartén. Añada el zumo de limón, el ajo y los pimientos y fríalo unos 3 minutos, sin dejar de remover.

3 Incorpore las rodajas de plátano a la sartén y déjela al fuego 1 minuto más. Retire el contenido con una espumadera y mézclelo con el boniato.

4 Fría los dados de pan en la sartén durante 2 minutos, dándoles la vuelta para que se doren por todos los lados.

5 Mezcle bien todos los ingredientes del aliño en un cazo y caliéntelos hasta que la miel esté líquida.

6 Con una cuchara, ponga la mezcla de boniato en una ensaladera y salpimente al gusto. Vierta el aliño por encima y remate con los picatostes. Sirva la ensalada inmediatamente.

SUGERENCIA

Utilice plátanos no demasiado maduros, de consistencia firme, porque así no se ablandarán al freírlos.

1

3

4

Ensalada de boniato y frutos secos

En esta receta, las pacanas, con su sabor ligeramente amargo, se combinan con el boniato para obtener una ensalada agridulce de interesante textura.

Para 4 personas

INGREDIENTES

450 g de boniatos cortados en dados
2 tallos de apio cortados en rodajas
125 g de apionabo rallado
2 cebolletas cortadas en rodajas
50 g de pacanas picadas
2 endivias con las hojas separadas
1 cucharadita de zumo de limón
ramitas de tomillo, para decorar

ALIÑO:
4 cucharadas de aceite vegetal
1 cucharada de vinagre de vino al ajo
1 cucharadita de azúcar moreno fino
2 cucharaditas de tomillo fresco picado

1 Cueza los boniatos en agua hirviendo durante 5 minutos, hasta que estén tiernos. Escúrralos bien y deje que se enfríen.

2 Cuando se hayan enfriado, añada el apio, el apionabo, la cebolleta y las pacanas.

3 Disponga las hojas de endivia sobre una fuente y riegue con el zumo de limón.

4 Coloque la mezcla de boniato en el centro de las hojas.

5 Mezcle bien en un cuenco los ingredientes del aliño.

6 Justo antes de servirla, vierta el aliño sobre la ensalada, y adórnela con ramitas de tomillo.

SUGERENCIA

Los boniatos no se conservan tanto tiempo como las patatas. Guárdelos en un lugar fresco y oscuro (no en la nevera) y utilícelos dentro de la semana siguiente a la compra.

VARIACIÓN

Para variar la ensalada, sustituya el vinagre de vino al ajo por un aceite aromatizado, por ejemplo con guindilla o hierbas.

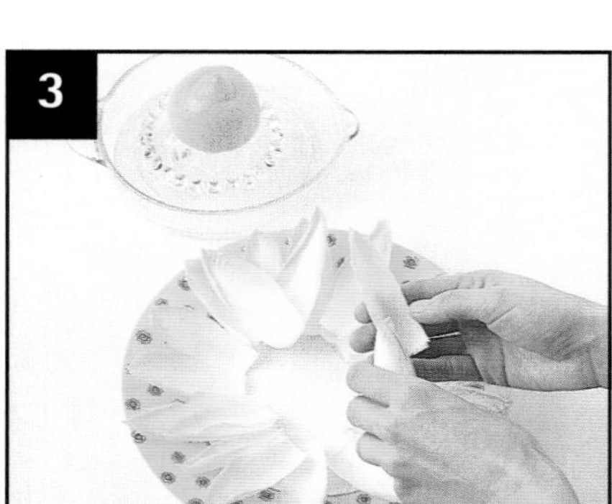

Ensalada india de patatas

En la India existen muchos platos de patata picantes, para acompañar un curry o una comida vegetariana. Esta ensalada con frutas resulta deliciosa fría de la nevera y con pan naan *o* poppadoms.

Para 4 personas

INGREDIENTES

4 patatas mantecosas cortadas en dados
75 g de ramitos pequeños de brécol
1 mango pequeño cortado en dados
4 cebolletas cortadas en rodajas
sal y pimienta
poppadoms pequeños, para acompañar

ALIÑO:
$^1/_2$ cucharadita de comino molido
$^1/_2$ cucharadita de cilantro molido
1 cucharada de *chutney* de mango
150 ml de yogur natural
1 cucharadita de jengibre picado
2 cucharadas de cilantro fresco picado

1 Cueza las patatas en agua hirviendo 10 minutos o hasta que estén tiernas. Escúrralas y póngalas en un bol grande.

2 Mientras tanto, escalde los ramitos de brécol en una cazuela aparte con agua hirviendo durante 2 minutos. Escúrralos bien y colóquelos en el bol junto con las patatas.

3 Cuando las patatas y el brécol se hayan enfriado, añada el mango y la cebolleta. Salpimente al gusto y mezcle todo bien, con cuidado.

4 Mezcle los ingredientes del aliño en un cuenco pequeño.

5 Vierta el aliño por encima de la ensalada y remueva bien, pero siempre con cuidado para que no se rompan las patatas ni el brécol.

6 Sirva la ensalada de inmediato, acompañada con *poppadoms* pequeños.

SUGERENCIA

Mezcle los ingredientes del aliño con antelación y deje que se enfríe en la nevera algunas horas, para que se desplieguen bien todos los sabores.

2

3

5

Ensalada de patatas mexicana

Esta ensalada, con sus rodajas de patata recubiertas de tomate y guindilla y servida con un aliño de guacamole, rebosa sabor mexicano.

Para 4 personas

INGREDIENTES

- 4 patatas mantecosas grandes cortadas en rodajas
- 1 aguacate maduro
- 1 cucharadita de aceite de oliva
- 1 cucharadita de zumo de limón
- 1 diente de ajo chafado
- 1 cebolla picada
- 2 tomates grandes cortados en rodajas
- 1 guindilla verde picada
- 1 pimiento amarillo cortado en rodajas
- 2 cucharadas de cilantro fresco picado
- sal y pimienta
- gajos de limón, para adornar

1 Cueza las rodajas de patata en agua hirviendo 10-15 minutos o hasta que estén tiernas.

2 Mientras tanto, corte el aguacate por la mitad y retire el hueso. Con una cuchara, extraiga la pulpa de las dos mitades y colóquela en un cuenco grande.

3 Con un tenedor, haga un puré con el aguacate y añada el aceite de oliva, el zumo de limón, el ajo y la cebolla picada. Cubra el cuenco con plástico de cocina y reserve el guacamole.

4 Mezcle el tomate con la guindilla y el pimiento y póngalo junto con las rodajas de patata en una ensaladera.

5 Con una cuchara, ponga el guacamole encima y espolvoree con el cilantro. Salpimente y sirva la ensalada adornada con los gajos de limón.

VARIACIÓN

Si no le gusta la comida picante, suprima la guindilla verde.

SUGERENCIA

Al aderezar el aguacate con zumo de limón se evita que se oscurezca en contacto con el aire.

Ensalada china de nidos de patata

Los crujientes nidos de patata frita resultan perfectos como ensaladera comestible y quedan deliciosos rellenos con una exquisita ensalada de fruta y hortalizas al estilo chino.

Para 4 personas

INGREDIENTES

NIDOS DE PATATA:
450 g de patatas mantecosas ralladas
125 g de harina de maíz
aceite vegetal para freír
cebollino fresco para adornar

ENSALADA:
125 g de piña cortada en dados
1 pimiento verde cortado en tiras
1 zanahoria cortada en juliana
50 g de tirabeques
4 mazorquitas de maíz cortadas por la mitad a lo largo
25 g de brotes de soja
2 cebolletas cortadas en rodajas

ALIÑO:
1 cucharada de miel
1 cucharadita de salsa de soja clara
1 diente de ajo chafado
1 cucharadita de zumo de limón

1 Para hacer los nidos, lave la patata rallada varias veces con agua fría. Escúrrala bien sobre papel de cocina y colóquela en un cuenco grande. Mézclela bien con la harina de maíz.

2 Llene hasta la mitad un wok con aceite vegetal y caliéntelo hasta que humee. Forre un colador de 15 cm de diámetro con una cuarta parte de la mezcla de patata y presione con otro colador.

3 Sumerja los coladores en el aceite y fría el nido 2 minutos, hasta que esté dorado y crujiente. Retírelo del wok y deje escurrir el exceso de aceite.

4 Repita otras 3 veces la operación y deje que los nidos se enfríen.

5 Mezcle los ingredientes de la ensalada en un cuenco y repártala entre los nidos de patata.

6 Mezcle los ingredientes del aliño en un cuenco. Viértalo por encima de la ensalada, adórnela con el cebollino y sírvala.

SUGERENCIA

Hay que lavar bien la patata antes de freír el nido para eliminar el exceso de fécula. Séquela completamente antes de sumergirla en el aceite para que no salpique.

1

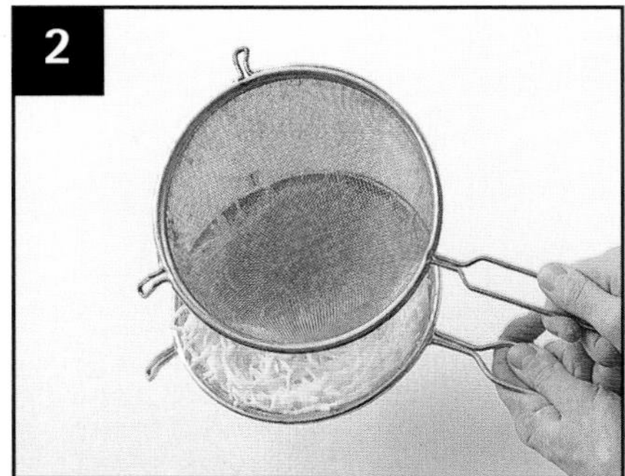
2

3

Ensalada de patata, manzana y ruqueta

Esta ensalada verde y blanca se prepara con queso de cabra cremoso cuyo particular sabor, un punto salado, combina perfectamente con las hojas de ruqueta.

Para 4 personas

INGREDIENTES

2 patatas grandes, sin pelar, cortadas en rodajas
2 manzanas verdes cortadas en dados
1 cucharadita de zumo de limón

25 g de nueces troceadas
125 g de queso de cabra cortado en dados
150 g de hojas de ruqueta
sal y pimienta

ALIÑO:
2 cucharadas de aceite de oliva
1 cucharada de vinagre de vino tinto
1 cucharadita de miel
1 cucharadita de semillas de hinojo

1 Cueza las patatas en agua hirviendo 15 minutos, hasta que estén tiernas. Escúrralas y deje que se enfríen. Cuando estén frías, póngalas en una ensaladera.

2 Moje los dados de manzana con el zumo de limón y mézclelos con las patatas.

3 Añada las nueces troceadas, los dados de queso y las hojas de ruqueta y mezcle bien.

4 En un cuenco pequeño, bata los ingredientes del aliño y viértalo por encima de la ensalada. Sírvala inmediatamente.

SUGERENCIA

Sirva la ensalada enseguida para evitar que la manzana pierda color. También puede preparar antes el resto de los ingredientes e incorporar la manzana en el último momento.

VARIACIÓN

Si lo prefiere, utilice queso azul o ahumado en lugar de queso de cabra. Asimismo, si no dispone de ruqueta puede sustituirla por espinacas tiernas.

2

3

4

Ensalada de patata y verduras variadas con mayonesa al limón

Esta ensalada lleva una variedad de verduras crujientes, patatas y jamón, todo ello recubierto por una fresca mayonesa con sabor a limón. Puede variar las verduras según su disponibilidad o preferencia.

Para 4 personas

INGREDIENTES

450 g de patatas nuevas mantecosas, limpias
1 zanahoria cortada en juliana fina
225 g de ramitos de coliflor
225 g de mazorquitas de maíz cortadas por la mitad a lo largo
175 g de judías verdes francesas
175 g de jamón en dulce en dados
50 g de champiñones cortados en láminas

ALIÑO:
2 cucharadas de perejil fresco picado
150 ml de mayonesa
150 ml de yogur natural
4 cucharaditas de zumo de limón
la ralladura de 1 limón
2 cucharaditas de semillas de hinojo

1 Cueza las patatas en agua hirviendo 15 minutos o hasta que estén tiernas. Escúrralas y deje que se enfríen. Cuando estén frías, córtelas en rodajas finas.

2 Mientras tanto, cueza la zanahoria, la coliflor, las mazorquitas de maíz y las judías verdes en otra cazuela con agua hirviendo, 5 minutos. Escúrralo todo bien y deje que se enfríe.

3 Reserve 1 cucharadita de perejil picado para decorar y mezcle el resto en un cuenco con los otros ingredientes del aliño.

4 Disponga las verduras en una fuente y coloque por encima el jamón y los champiñones.

5 Justo antes de servirla, vierta el aliño sobre la ensalada y adórnela con el perejil reservado.

SUGERENCIA

Si le falta tiempo, utilice verduras variadas congeladas en lugar de verdura fresca.

1

2

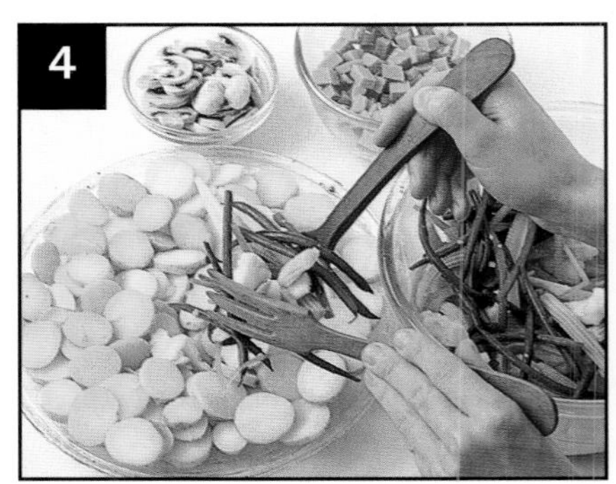
4

Ensalada indonesia de patata y pollo

El aliño picante de cacahuete que se sirve con esta ensalada se puede preparar con antelación y dejar en la nevera hasta un día antes de utilizarlo.

Para 4 personas

INGREDIENTES

4 patatas mantecosas grandes, cortadas en dados
300 g de piña fresca en dados
2 zanahorias ralladas
175 g de brotes de soja
1 manojo de cebolletas cortadas en rodajas
1 calabacín grande en juliana fina
3 tallos de apio cortados en juliana fina
175 g de cacahuetes sin sal
2 filetes de pechuga de pollo ya cocidos, de unos 125 g cada uno, cortados en lonchas finas

ALIÑO:
6 cucharadas de crema de cacahuete
6 cucharadas de aceite de oliva
2 cucharadas de salsa de soja clara
1 guindilla roja picada
2 cucharaditas de aceite de sésamo
4 cucharaditas de zumo de lima

1 Cueza los dados de patata en agua hirviendo 10 minutos o hasta que estén tiernos. Escúrralos y deje que se enfríen.

2 Cuando estén fríos, póngalos en una ensaladera.

3 Incorpore en la ensaladera la piña, la zanahoria, la soja, la cebolleta, el calabacín, el apio, los cacahuetes y las lonchas de pollo. Mezcle bien todos los ingredientes.

4 Para preparar el aliño, ponga la crema de cacahuete en un cuenco pequeño y vaya añadiendo el aceite de oliva y la salsa de soja.

5 Añada la guindilla, el aceite de sésamo y el zumo de lima, y remueva hasta que todo quede bien mezclado.

6 Vierta el aliño sobre la ensalada y agítela un poco para que cubra todos los ingredientes. Sírvala, adornada con gajos de lima.

SUGERENCIA

Si le resulta más práctico, puede utilizar piña enlatada al natural en lugar de piña fresca. Si sólo dispone de piña en almíbar, escúrrala y pásela bajo el grifo de agua fría antes de utilizarla.

3

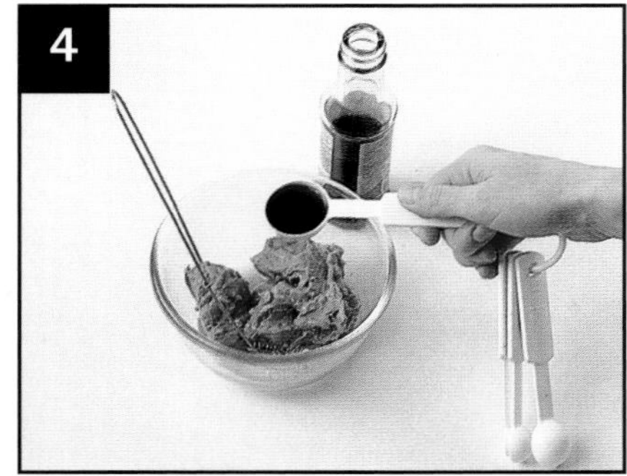
4

5

Ensalada picante de patata y pollo

La tierna carne de la pechuga de pollo resulta perfecta para ensaladas. Si se corta en trozos pequeños, el tiempo de cocción es mínimo. Además, su sabor combina muy bien con muchos otros ingredientes.

Para 4 personas

INGREDIENTES

2 filetes de pechuga de pollo sin piel, de unos 125 g cada uno
25 g de mantequilla
1 guindilla roja picada
1 cucharada de miel
1/2 cucharadita de comino molido
2 cucharadas de cilantro fresco picado
2 patatas grandes cortadas en dados
50 g de judías verdes francesas partidas por la mitad
1 pimiento rojo cortado en tiras finas
2 tomates, despepitados y cortados en dados

ALIÑO:
2 cucharadas de aceite de oliva
1 pizca de guindilla en polvo
1 cucharada de vinagre de vino al ajo
1 pizca de azúcar lustre
1 cucharada de cilantro fresco picado

1 Corte el pollo en tiras finas. Derrita la mantequilla en una sartén a fuego moderado y saltéelo junto con la guindilla, la miel y el comino unos 10 minutos, dándole vueltas, hasta que esté bien cocido.

2 Pase la preparación a un cuenco, deje que se enfríe y a continuación añada el cilantro.

3 Cueza los dados de patata en agua hirviendo 10 minutos, hasta que estén tiernos. Escúrralos y deje que se enfríen.

4 Escalde las judías verdes en agua hirviendo 3 minutos, escúrralas y deje que se enfríen. Mézclelas con las patatas en una ensaladera.

5 Incorpore las tiras de pimiento y los dados de tomate a la mezcla de patatas y judías, y a continuación el pollo.

6 Mezcle los ingredientes del aliño en un bol pequeño y justo antes de servir viértalo sobre la ensalada, agitándola un poco.

VARIACIÓN

Si lo prefiere, para obtener un sabor un poco más intenso puede utilizar carne magra de pavo en lugar de pollo. Utilice la parte blanca, tanto por su aspecto como por su sabor.

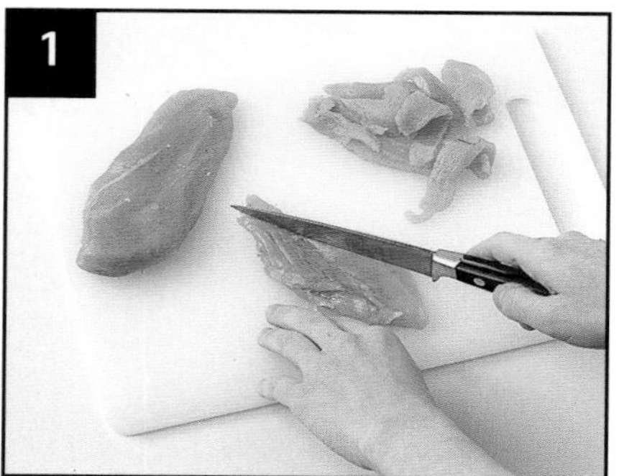

Ensalada de patatas nuevas asadas

Antes de asar las patatas se untan con aceite para darles el sabor y el color típicos de la cocción a la brasa. Sazonadas con hierbas, en esta estupenda ensalada se sirven calientes con una mayonesa de ajo.

Para 4 personas

INGREDIENTES

650 g de patatas nuevas, limpias
3 cucharadas de aceite de oliva
2 cucharadas de tomillo fresco picado
1 cucharadita de pimentón
4 lonchas de beicon ahumado
sal y pimienta
una ramita de perejil, para adornar

ALIÑO:
4 cucharadas de mayonesa
1 cucharada de vinagre de vino al ajo
2 dientes de ajo chafados
1 cucharada de perejil fresco picado

1 Cueza las patatas en agua hirviendo unos 10 minutos. Escúrralas bien.

2 Mezcle el aceite de oliva con el tomillo y el pimentón y vierta esta mezcla sobre las patatas calientes.

3 Ase las lonchas de beicon bajo el grill precalentado unos 5 minutos, dándoles la vuelta una vez, hasta que estén crujientes. Cuando esté listo, pique el beicon y manténgalo caliente.

4 Ase las patatas bajo el grill unos 10 minutos, dándoles la vuelta una vez.

5 Mezcle los ingredientes del aliño en un cuenco pequeño. Transfiera las patatas y el beicon a una ensaladera grande. Salpimente y mezcle bien.

6 Ponga el aliño por encima y decore con una ramita de perejil. Puede servir la ensalada caliente, o también dejarla enfriar y servirla recién sacada de la nevera.

VARIACIÓN

Si utiliza un embutido bien condimentado en lugar de beicon se ahorrará el tener que asarlo antes de incorporarlo a la ensalada.

2

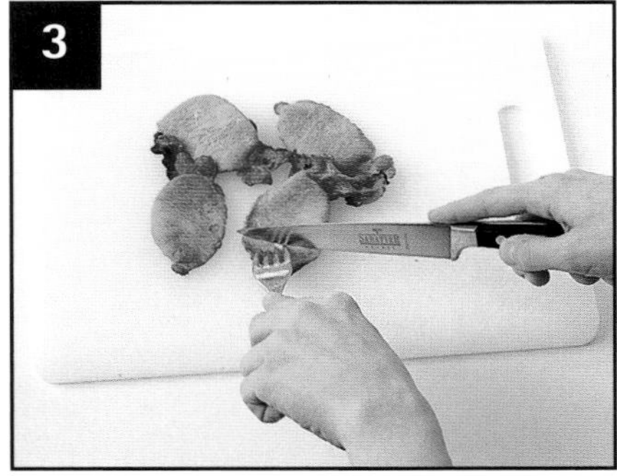
3

4

Ensalada de patata y salchichón

El salchichón combina con los aromas mediterráneos del tomate secado al sol y la albahaca. Todos los sabores son bastante fuertes, y por lo tanto ninguno predomina sobre los demás.

Para 4 personas

INGREDIENTES

450 g de patatas mantecosas
1 achicoria
1 pimiento verde cortado en rodajas
175 g de salchichón cortado en rodajas
1 cebolla roja cortada en rodajas
125 g de tomates secados al sol, cortados en rodajas
2 cucharadas de albahaca fresca cortada en tiras finas

ALIÑO:
1 cucharada de vinagre balsámico
1 cucharadita de pasta de tomate
2 cucharadas de aceite de oliva
sal y pimienta

1 Cueza las patatas en agua hirviendo 20 minutos o hasta que estén tiernas. Escúrralas y deje que se enfríen.

2 Recubra el fondo de una ensaladera con las hojas de lechuga.

3 Cuando las patatas estén frías, córtelas en rodajas y colóquelas en capas sobre las hojas de lechuga, junto con el pimiento verde, el salchichón, la cebolla, el tomate y la albahaca.

4 En un cuenco pequeño, mezcle bien el vinagre balsámico con la pasta de tomate y el aceite de oliva y salpimente al gusto. Vierta el aliño sobre la ensalada y sírvala inmediatamente.

SUGERENCIA

Puede utilizar tomates secados al sol o bien estos mismos tomates en aceite. Si utiliza este último tipo, simplemente escúrralos y séquelos con papel absorbente antes de utilizarlos.

VARIACIÓN

Para esta ensalada puede utilizar cualquier tipo de salchichón o salami. El salami procede de Italia y en ese país existen numerosas variedades entre las cuales escoger; las del sur tienden a ser un poco más picantes que las del norte.

3

3

4

Ensalada de patata y bogavante con aliño de lima

El bogavante la convierte en una ensalada para una ocasión especial, tanto por su coste como por su sabor. La sustanciosa carne del bogavante se ve realzada por el sabor ácido del aliño de lima.

Para 4 personas

INGREDIENTES

450 g de patatas mantecosas, limpias y cortadas en rodajas
225 g de carne de bogavante cocida
150 ml de mayonesa
2 cucharadas de zumo de lima
la ralladura fina de 1 lima
1 cucharada de perejil fresco picado
2 cucharadas de aceite de oliva
2 tomates despepitados y cortados en dados
2 huevos duros cortados en cuartos
1 cucharada de aceitunas verdes, deshuesadas y troceadas
sal y pimienta

1 Cueza las patatas en agua hirviendo 10-15 minutos, hasta que estén bien tiernas. Escúrralas y resérvelas.

2 Extraiga la carne del bogavante de su caparazón y córtela en trozos grandes.

3 En un cuenco, mezcle la mayonesa con 1 cucharada de zumo de lima, la mitad de la ralladura y la mitad del perejil; reserve.

4 En otro cuenco, mezcle el resto del zumo de lima con el aceite de oliva y vierta este aliño sobre las patatas. Dispóngalas en una fuente.

5 Ponga por encima la carne de bogavante, el tomate, el huevo y las aceitunas. Salpimente y espolvoree con el perejil reservado.

6 Ponga mayonesa en el centro de la ensalada, adorne con el resto de la ralladura de lima y sirva.

SUGERENCIA

Como esta ensalada lleva marisco, sírvala inmediatamente o guárdela en la nevera, cubierta, como máximo 1 hora antes de servirla.

VARIACIÓN

Si lo prefiere, puede utilizar carne de cangrejo o gambas en lugar de bogavante.

2

3

5

Ensalada de patata y atún

Este receta de atractivo color es una variación de la clásica ensalada niçoise. *Repleto de atún y verduras, es un plato que llena y que resulta delicioso.*

Para 4 personas

INGREDIENTES

450 g de patatas nuevas, limpias y cortadas en cuartos
1 pimiento verde cortado en rodajas
50 g de maíz de lata, escurrido
1 cebolla roja cortada en rodajas
300 g de atún en lata en su jugo, escurrido y desmenuzado
2 cucharadas de aceitunas negras, deshuesadas y troceadas
sal y pimienta
gajos de lima, para adornar

ALIÑO:
2 cucharadas de mayonesa
2 cucharadas de nata fresca espesa
1 cucharada de zumo de lima
2 dientes de ajo chafados
la ralladura fina de 1 lima

1 Cueza las patatas en agua hirviendo 15 minutos, hasta que estén tiernas. Escúrralas y deje que se enfríen en un bol grande.

2 Añada con cuidado el pimiento verde, el maíz y la cebolla en rodajas.

3 Coloque la mezcla de patata en una ensaladera y disponga el atún y las aceitunas por encima. Sazone generosamente con sal y pimienta.

4 Para el aliño, mezcle en un cuenco la mayonesa con la nata fresca, el zumo de lima, el ajo y la ralladura de lima.

5 Vierta el aliño por encima del atún y las aceitunas, adorne con los gajos de lima y sirva.

SUGERENCIA

Servida con un vino blanco seco, esta ensalada es un almuerzo ligero perfecto, en verano y en invierno.

VARIACIÓN

Puede añadir a la ensalada judías verdes y rodajas de huevo duro, con lo que obtendrá la más tradicional ensalada niçoise.

2

3

4

Tentempiés y comidas ligeras

Las versátiles patatas se pueden utilizar para elaborar un amplio surtido de apetitosas comidas ligeras y estupendos tentempiés. También resultan muy nutritivas, pues sus hidratos de carbono aportan una buena dosis de energía. Como el sabor de la patata es neutro, se puede combinar con una gran variedad de ingredientes y obtener, así, muchas comidas interesantes.

En este capítulo hallará un surtido de sabrosos tentempiés, como las patatas fritas con pimentón, el naan *picante relleno de patata y la tortilla campesina, que son rápidos y fáciles de preparar y que satisfarán el hambre de media mañana o media tarde. Y resultan prácticos si se presenta algún visitante por sorpresa.*

También contiene un surtido de deliciosas pero ligeras comidas que resultan ideales cuando no se tiene una hambre canina. Pruebe la tortilla de patata con queso feta y espinacas, o los pastelitos de patata con crema agria y salmón.

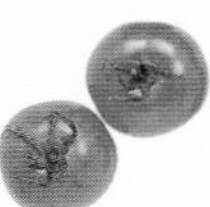

Paté de patatas y alubias

Este paté es fácil de preparar y se puede guardar en la nevera hasta dos días. Sírvalo con mini biscotes, tostadas Melba o crudités.

Para 4 personas

INGREDIENTES

100 g de patatas harinosas cortadas en dados
225 g de alubias en conserva, como judías rojas, frijoles negros o alubias pintas, escurridas
1 diente de ajo chafado
2 cucharaditas de zumo de lima
1 cucharada de cilantro fresco picado
2 cucharadas de yogur natural
sal y pimienta
cilandro fresco picado, para adornar

1 Cueza las patatas en agua hirviendo 10 minutos, hasta que estén tiernas. Escúrralas bien y haga un puré.

2 Pase el puré a una batidora o picadora y añada las alubias, el ajo, el zumo de lima y el cilantro fresco. Sazone y bata 1 minuto, hasta obtener un puré fino. También puede mezclar todos los ingredientes y preparar el puré a mano.

3 Pase el puré así obtenido a un cuenco y agregue el yogur. Mezcle bien.

4 Con una cuchara, ponga el puré en una fuente, adornado con el cilantro picado. Sírvalo de inmediato o guárdelo en la nevera.

SUGERENCIA

Para hacer tostadas Melba, tueste ligeramente bajo el grill, por ambos lados, rebanadas de pan de molde, blanco o integral, y quite la corteza. Sujetando el pan bien plano, deslice un cuchillo afilado entre las dos caras tostadas. Córtelo en triángulos y tueste el lado no tostado hasta que los bordes se curven.

VARIACIÓN

Si no tiene batidora o prefiere un puré menos fino, simplemente chafe los ingredientes con un tenedor.

Paté de patatas y pescado ahumado

Las grosellas silvestres dan a este delicioso paté ahumado un sabor ácido y afrutado que combina perfectamente con el pescado.

Para 4 personas

INGREDIENTES

- 650 g de patatas harinosas cortadas en dados
- 300 g de caballa ahumada, sin piel y desmenuzada
- 75 g de grosellas silvestres cocidas
- 2 cucharaditas de zumo de limón
- 2 cucharadas de nata fresca espesa
- 1 cucharada de alcaparras
- 1 pepinillo picado
- 1 cucharada de eneldo encurtido, picado
- 1 cucharada de eneldo fresco, picado
- sal y pimienta
- gajos de limón, para decorar

1 Cueza los dados de patata en agua hirviendo 10 minutos, hasta que estén tiernos, y después escúrralos bien.

2 Coloque las patatas en una batidora o picadora.

3 Incorpore el pescado y bata 30 segundos o hasta obtener un puré bastante fino. También puede prepararlo con un tenedor.

4 Añada las grosellas silvestres cocidas, el zumo de limón y la nata. Bata otros 10 segundos o chafe con el tenedor.

5 Incorpore las alcaparras, el pepinillo, el eneldo encurtido y el eneldo fresco. Salpimente.

6 Disponga el paté de pescado en una fuente, adórnelo con los gajos de limón y sírvalo con tostadas o pan crujiente caliente cortado en trozos o rebanadas.

SUGERENCIA

Utilice grosellas silvestres de lata o bote, pues le resultará más práctico y le ahorrará tiempo, y además están disponibles fuera de temporada.

VARIACIÓN

Si no encuentra grosellas silvestres, utilice otro tipo de fruta ácida cocida, por ejemplo manzanas.

Kibbeh de patata

La kibbeh *es un plato de Oriente Medio: croquetas de trigo, cordero y especias. Acompañada con tahín (crema de sésamo), ensalada y un pan libanés, resulta un tentempié delicioso y original.*

Para 4 personas

INGREDIENTES

175 g de bulgur (sémola de trigo troceada)
350 g de patatas harinosas cortadas en dados
2 huevos pequeños
25 g de mantequilla derretida
1 pizca de comino molido
1 pizca de cilantro molido
1 pizca de nuez moscada molida
sal y pimienta
aceite para freír

RELLENO:
175 g de carne de cordero picada
1 cebolla pequeña, picada
1 cucharada de piñones
25 g de orejones de albaricoque, picados
1 pizca de nuez moscada molida
1 pizca de canela molida
1 cucharada de cilantro fresco picado
2 cucharadas de caldo de cordero

1 Ponga el bulgur en un cuenco y cúbralo con agua hirviendo. Déjelo 30 minutos en remojo, hasta que haya absorbido el agua y se haya hinchado.

2 Mientras tanto, cueza los dados de patata en agua hirviendo 10 minutos o hasta que estén bien tiernos. Escúrralos y haga un puré fino.

3 Incorpore el bulgur al puré de patata, junto con los huevos, la mantequilla fundida, el comino, el cilantro y la nuez moscada. Sazone bien con sal y pimienta.

4 Para el relleno, fría la carne picada 5 minutos, incorpore la cebolla y fría otros 2-3 minutos. Añada el resto de los ingredientes del relleno y cueza 5 minutos más o hasta que el caldo se evapore. Deje enfriar ligeramente la mezcla y a continuación divídala en 8 porciones. Haga una bolita con cada una de ellas.

5 Divida también la masa de patata en 8 porciones y forme redondeles planos. Deposite una porción de relleno en el centro de cada uno. Envuelva el relleno con la masa y séllela bien.

6 En una cazuela grande o freidora, caliente aceite a 180-190 °C o hasta que un dado de pan se dore en 30 segundos y fría las croquetas durante 5-7 minutos, hasta que estén doradas. Escúrralas bien y sírvalas inmediatamente.

3

5

5

Albóndigas de patata en salsa picante

Estas albóndigas son deliciosas con pan crujiente y caliente para mojar en la salsa. Para un plato principal, prepare el 50 % más de masa, haga albóndigas más grandes y sírvalas con arroz y verduras.

Para 4 personas

INGREDIENTES

225 g de patatas harinosas cortadas en dados
225 g de carne de vacuno o cordero picada
1 cebolla finamente picada
1 cucharada de cilantro fresco picado
1 tallo de apio finamente picado
2 dientes de ajo chafados
25 g de mantequilla
1 cucharada de aceite vegetal
sal y pimienta
cilantro fresco picado, para decorar

SALSA:
1 cucharada de aceite vegetal
1 cebolla finamente picada
2 cucharaditas de azúcar moreno fino
1 lata de 400 g de tomate troceado
1 guindilla verde picada
1 cucharadita de pimentón
150 ml de caldo vegetal
2 cucharaditas de harina de maíz

1 Cueza las patatas en agua hirviendo 10 minutos o hasta que estén tiernas. Escúrralas bien y páselas a un cuenco grande. Haga un puré fino.

2 Incorpore la carne picada, la cebolla, el cilantro, el apio y el ajo y mézclelo todo bien.

3 Junte la masa con las manos y forme 20 pequeñas albóndigas.

4 Para la salsa, caliente el aceite en una cazuela y saltee la cebolla 5 minutos. Incorpore el resto de los ingredientes y llévelo a ebullición, removiendo. Cuézalo a fuego lento durante 20 minutos.

5 Mientras tanto, caliente en una sartén la mantequilla y el aceite para freír las albóndigas. Vaya friéndolas en tandas, de 10-15 minutos cada una, hasta que estén doradas, dándoles la vuelta varias veces. Manténgalas calientes mientras fríe el resto. Disponga las albóndigas en una fuente caliente, vierta la salsa por encima y espolvoree con el cilantro.

SUGERENCIA

Prepare las albóndigas con tiempo y guárdelas en la nevera o el congelador hasta que las necesite. Descongélelas por completo antes de freírlas.

2

3

4

Buñuelos de patata y pescado con tomate

Estos buñuelos picantes de patata y pescado se sirven con una suculenta salsa de tomate. De fácil elaboración, se pueden preparar con antelación y freír justo antes de consumirlos.

Para 4 personas

INGREDIENTES

- 450 g de patatas harinosas cortadas en dados
- 2 filetes de pescado ahumado, por ejemplo bacalao, de unos 225 g de peso total, sin la piel
- 40 g de mantequilla
- 2 huevos batidos
- 1 cucharada de eneldo fresco picado
- $^{1}/_{2}$ cucharadita de cayena molida
- aceite para freír
- sal y pimienta
- ramitas de eneldo, para decorar

SALSA:

- 300 ml de *passata* (preparación italiana de tomate triturado)
- 1 cucharada de pasta de tomate
- 2 cucharadas de eneldo fresco picado
- 150 ml de caldo de pescado

1 Cueza las patatas en agua hirviendo 10 minutos o hasta que estén tiernas. Escúrralas bien, añada la mantequilla y haga un puré suave. Salpimente.

2 Mientras tanto, escalfe el pescado en agua hirviendo 10 minutos, dándole la vuelta una vez. Escúrralo y tritúrelo. Mézclelo con el puré de patata y deje que se enfríe.

3 Mientras la masa se enfría, prepare la salsa. En una cazuela, ponga a hervir el tomate junto con la pasta de tomate, el eneldo y el caldo. Tape la cazuela y cueza la salsa a fuego lento durante unos 20 minutos, hasta que se espese.

4 Incorpore en el puré de patata y pescado el huevo, el eneldo y la cayena. Mezcle muy bien.

5 Caliente abundante aceite a 180-190 °C, o hasta que un dado de pan se dore en 30 segundos. Ponga cucharadas de masa en el aceite y fría los buñuelos 3-4 minutos, hasta que estén dorados. Escúrralos sobre papel absorbente.

6 Adorne los buñuelos con ramitas de eneldo y sírvalos con la salsa de tomate.

VARIACIÓN

El pescado ahumado aporta un sabor intenso, pero si lo prefiere puede preparar los buñuelos con filetes de pescado blanco o gambas.

1

3

4

Pastelitos tailandeses de patata y cangrejo

Estos pastelitos son una variación de una receta tradicional tailandesa. En algunos restaurantes los ofrecen como entrante, y resultan ideales como tentempié, en especial con una salsa de pepino agridulce.

Para 4 personas

INGREDIENTES

450 g de patatas harinosas cortadas en dados
175 g de carne blanca de cangrejo, escurrida si la utiliza de lata
4 cebolletas picadas
1 cucharadita de salsa de soja clara
1/2 cucharadita de aceite de sésamo
1 cucharadita de citronela picada
1 cucharadita de zumo de lima
3 cucharadas de harina
2 cucharadas de aceite vegetal
sal y pimienta

SALSA:
4 cucharadas de pepino finamente picado
2 cucharadas de miel
1 cucharada de vinagre de vino al ajo
1/2 cucharadita de salsa de soja clara
1 guindilla roja picada

PARA DECORAR:
1 guindilla roja cortada en rodajitas
rodajas de pepino

1 Cueza las patatas en agua hirviendo 10 minutos o hasta que estén tiernas. Escúrralas bien y haga un puré

2 Incorpore en el puré de patata la carne de cangrejo, la salsa de soja, la cebolleta, el aceite de sésamo, la citronela, el zumo de lima y la harina. Salpimente.

3 Divida la masa en 8 porciones de igual tamaño y, con las manos bien enharinadas, forme otras tantas tortitas gruesas.

4 Caliente el aceite en un wok o sartén y fría los pastelitos, de 4 en 4, unos 5-7 minutos, dándoles la vuelta. Manténgalos calientes mientras fríe el resto.

5 Mientras tanto, prepare la salsa. En un cuenco pequeño, mezcle el pepino, la miel, la salsa de soja, el vinagre y la guindilla.

6 Adorne los pastelitos con las rodajitas de guindilla roja y el pepino y sírvalos con la salsa.

SUGERENCIA

No prepare la salsa de pepino con demasiada antelación, porque esta hortaliza desprende mucha agua, que diluiría el sabor.

2

3

5

Pastelitos de patata y setas variadas

Estos pastelitos harán las delicias tanto de los vegetarianos como de los que no lo son. Elaborados con patata y las setas que se prefiera, resultan exquisitos servidos con una sencilla ensalada verde.

Para 4 personas

INGREDIENTES

450 g de patatas harinosas cortadas en dados
25 g de mantequilla
175 g de setas variadas, picadas
2 dientes de ajo chafados
1 huevo pequeño batido
1 cucharada de cebollino fresco picado, y un poco más para decorar
harina para rebozar
aceite para freír
sal y pimienta

1 Cueza las patatas en agua hirviendo 10 minutos, o hasta que estén tiernas. Escúrralas bien, haga un puré y resérvelo.

2 Mientras tanto, derrita la mantequilla en una sartén y saltee las setas y el ajo 5 minutos, sin dejar de remover. Escúrralo.

3 Incorpore las setas y el ajo a las patatas, junto con el huevo batido y el cebollino. Salpimente.

4 Divida la mezcla en 4 partes iguales y forme otros tantos pastelitos redondos. Páselos por harina hasta que queden bien rebozados.

5 Caliente el aceite en una sartén y fría los pastelitos a fuego moderado durante 10 minutos, hasta que se doren, dándoles la vuelta a media cocción. Sírvalos de inmediato con una sencilla ensalada verde.

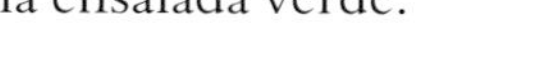

SUGERENCIA

Si lo desea, prepare los pastelitos con antelación y guárdelos en la nevera, cubiertos, hasta 2 horas.

VARIACIÓN

Si no dispone de cebollino, utilice otra hierba fresca de su elección. La salvia, el estragón y el cilantro también combinan bien con las setas variadas.

Rosti de patata, queso y cebolla

Estos pastelitos de patata rallada también reciben el nombre de pastelitos de paja, ¡porque parecen una esterilla de paja! Para una cena ligera, sírvalos con salsa de tomate o ensalada.

Para 4 personas

INGREDIENTES

900 g de patatas mantecosas
1 cebolla rallada
50 g de queso gruyère rallado
2 cucharadas de perejil fresco picado
1 cucharada de aceite de oliva
25 g de mantequilla
sal y pimienta

PARA DECORAR:
cebolleta cortada en tiras finas
1 tomate pequeño cortado en cuartos

1 Sancoche las patatas en agua hirviendo durante 10 minutos y déjelas enfriar. Pélelas y rállelas con un rallador grueso. Coloque la patata rallada en un cuenco grande.

2 Añada la cebolla, el queso y el perejil. Salpimente bien. Divida la masa en 4 porciones iguales y déles forma de pastelitos.

3 Caliente la mitad del aceite de oliva y de la mantequilla en una sartén y fría 2 de los pastelitos a fuego vivo durante 1 minuto; después, baje la temperatura y fríalos otros 5 minutos más, hasta que estén dorados por debajo. Déles la vuelta y fríalos 5 minutos por el otro lado.

4 Para freír los 2 pastelitos que quedan, repita la operación con la otra mitad del aceite y la mantequilla. Colóquelos en los platos, adórnelos y sírvalos.

SUGERENCIA

Debe aplanar bien los pastelitos de patata al freírlos, ya que así se harán de manera uniforme.

VARIACIÓN

Para convertir estos rosti *en una comida más sustanciosa, añada a la masa de patata un poco de beicon cocido o jamón en dulce picado.*

1

2

3

Pastelitos de patata y coliflor

Estos pastelitos constituyen un tentempié sustancioso y son muy adecuados para utilizar verduras sobrantes, ya que se pueden preparar con prácticamente cualquier tipo de hortaliza.

Para 4 personas

INGREDIENTES

225 g de patatas harinosas cortadas en dados
225 g de ramitos de coliflor
2 cucharadas de parmesano rallado
1 huevo
1 clara de huevo para rebozar
aceite para freír
pimentón para espolvorear (opcional)
sal y pimienta
lonchas de beicon crujientes, picadas, para adornar

1 Cueza las patatas en agua hirviendo 10 minutos, o hasta que estén tiernas. Escúrralas bien y haga un puré.

2 Cueza los ramitos de coliflor en otra cazuela con agua hirviendo durante 10 minutos.

3 Escurra la coliflor y mézclela con el puré de patata. Incorpore el queso parmesano y salpimente bien.

4 Separe la yema del huevo de la clara e incorpore la yema a la masa de patata y coliflor, mezclándolo todo bien.

5 Bata ligeramente las dos claras en un cuenco limpio.

6 Divida la masa en 8 porciones iguales y forme tortitas redondas. Con cuidado, reboce cada porción de masa de patata y coliflor con clara de huevo.

7 Caliente el aceite en una sartén y fría los pastelitos 3-5 minutos, dándoles la vuelta para que se doren por ambos lados.

8 Espolvoree los pastelitos fritos con pimentón, si lo desea, y sírvalos de inmediato aderezados con trocitos de beicon crujiente.

VARIACIÓN

En lugar de coliflor, puede utilizar cualquier otra verdura, por ejemplo brécol, si así lo prefiere.

3

6

7

Patatas rebozadas con salsa de ajo

Los trozos de patata se pasan primero por el queso parmesano, y después se rebozan para freírlos hasta dorarlos. Así se obtiene un tentempié vegetariano caliente.

Para 4 personas

INGREDIENTES

450 g de patatas mantecosas cortadas en dados grandes
125 g de queso parmesano rallado
aceite para freír

SALSA:
25 g de mantequilla
1 cebolla cortada en rodajas
2 dientes de ajo chafados
25 g de harina
300 ml de leche
1 cucharada de perejil fresco picado

REBOZADO:
50 g de harina
1 huevo pequeño
150 ml de leche

1 Para la salsa, derrita la mantequilla en una cazuela y rehogue la cebolla y el ajo durante 2-3 minutos. Incorpore la harina y déjelo al fuego 1 minuto más.

2 Retire la cazuela del fuego y agregue la leche y el perejil. Lleve la salsa a ebullición, retírela del fuego y consérvela caliente.

3 Mientras tanto, hierva las patatas en agua 5-10 minutos, o hasta que estén cocidas, pero firmes. No las cueza en exceso, pues se romperían.

4 Escurra las patatas y páselas por el queso parmesano.

5 Para el rebozado, ponga la harina en un cuenco y poco a poco añada, batiendo, el huevo y la leche. Sumerja los trozos de patata en la pasta para rebozarlos.

6 En una cazuela grande o freidora, caliente el aceite a 180-190 °C o hasta que un dado de pan se dore en 30 segundos, y fría las patatas durante 3-4 minutos o hasta que estén bien doradas. Escúrralas con una espumadera y colóquelas un cuenco para servir. Acompáñelas con la salsa.

SUGERENCIA

Pase las patatas por el parmesano cuando aún estén húmedas, para que queden bien rebozadas.

4

5

6

Croquetas de patata con jamón y queso

Ésta es una receta clásica que se puede servir como acompañamiento, o bien como tentempié junto con otros ingredientes, como verduras o salami y una salsa de queso.

Para 4 personas

INGREDIENTES

450 g de patatas harinosas cortadas en dados
300 ml de leche
25 g de mantequilla
4 cebolletas picadas
75 g de queso cheddar
50 g de jamón en dulce ahumado, picado
1 tallo de apio cortado en dados
1 huevo batido
50 g de harina
aceite para freír
sal y pimienta

REBOZADO:
2 huevos batidos
125 g de pan rallado integral

SALSA:
25 g de mantequilla
25 g de harina
150 ml de leche
150 ml de caldo vegetal
75 g de queso cheddar rallado
1 cucharadita de mostaza de Dijon
1 cucharada de cilantro picado

1 Ponga las patatas en una cazuela con la leche y llévelas a ebullición. Baje el fuego y cuézalas hasta que absorban el líquido y estén cocidas.

2 Añada la mantequilla y haga un puré. Incorpore la cebolleta, el queso, el jamón, el apio, el huevo y la harina. Sazone y deje que se enfríe.

3 Para el rebozado, bata los huevos en un cuenco. Ponga el pan rallado en un cuenco aparte.

4 Divida la masa en 8 partes y forme croquetas redondas. Páselas por el huevo y después rebócelas con el pan rallado.

5 Para la salsa, derrita la mantequilla en un cazo. Añada la harina y fríala 1 minuto. Retire el cazo del fuego y añada la leche, el caldo, el queso, la mostaza y las hierbas. Hiérvalo, removiendo, hasta que se espese. Baje el fuego y mantenga la salsa caliente.

6 Caliente abundante aceite a 180-190 °C y fría las croquetas 5 minutos, hasta que estén doradas. Escúrralas y sírvalas con la salsa.

2

4

4

Hash browns con salsa de tomate

Los hash browns *son una comida típicamente americana y muchas veces se toma como almuerzo a media mañana. Aquí se añaden algunas verduras más para obtener un sustancioso tentempié.*

Para 4 personas

INGREDIENTES

450 g de patatas mantecosas
1 zanahoria cortada en dados
1 tallo de apio cortado en dados
50 g de champiñones en dados
1 cebolla cortada en dados
2 dientes de ajo chafados
25 g de guisantes congelados, a temperatura ambiente

50 g de queso parmesano rallado
4 cucharadas de aceite vegetal
25 g de mantequilla
sal y pimienta

SALSA:
300 ml de *passata* (preparación italiana de tomate triturado)
2 cucharadas de cilantro fresco picado
1 cucharada de salsa Worcestershire
1/2 cucharadita de guindilla en polvo
2 cucharaditas de azúcar moreno
2 cucharaditas de mostaza americana
85 ml de caldo vegetal

1 Cueza las patatas en agua hirviendo 10 minutos. Escúrralas y deje que se enfríen. Mientras tanto, cueza la zanahoria en agua hirviendo 5 minutos.

2 Cuando estén frías, ralle las patatas con un rallador grueso.

3 Escurra la zanahoria y póngala en un bol con la patata el apio, los champiñones, la cebolla, el ajo, los guisantes y el queso. Sazone.

4 En una cazuela, lleve los ingredientes de la salsa a ebullición. Reduzca la temperatura y cueza a fuego lento 15 minutos.

5 Divida la masa de patata en 8 porciones iguales y déles forma de torta rectangular con la mano.

6 Caliente el aceite y la mantequilla en una sartén y fría los rectángulos de patata a fuego suave 4-5 minutos, hasta que estén dorados y crujientes.

7 Sirva los *hash browns* con la salsa de tomate.

SUGERENCIA

Esta receta se puede elaborar con cualquier tipo de verdura; también se pueden añadir dados de beicon o jamón en dulce.

3

4

5

Pastelitos de patata con crema agria y salmón

Estos pastelitos están basados en el tradicional latke, *delgado y crujiente. En esta receta se preparan con salmón ahumado y crema agria, para cuando quiera darse un pequeño capricho.*

Para 4 personas

INGREDIENTES

450 g de patatas harinosas ralladas
2 cebolletas picadas
2 cucharadas de harina con levadura
2 huevos batidos

2 cucharadas de aceite vegetal
sal y pimienta
cebollino fresco para adornar

PARA CORONAR:
150 ml de crema agria
125 g de salmón ahumado

1 Lave la patata rallada bajo el chorro de agua fría, escúrrala y séquela con papel de cocina. Colóquela en un cuenco grande.

2 Mezcle la cebolleta, la harina y el huevo con la patata y sazone bien con sal y pimienta.

3 Caliente 1 cucharada de aceite en una sartén. Deje caer 3 o 4 cucharadas de masa en la sartén y aplánelas con el dorso de una cuchara para formar tortitas (la masa debería ser suficiente para 16 pastelitos). Fría los pastelitos durante 5-7 minutos, dándoles la vuelta una vez, hasta que estén dorados. Escúrralos bien.

4 Vaya calentanto cucharadas de aceite y friendo el resto de la masa en tandas.

5 Corone los pastelitos con un poco de crema agria y salmón ahumado, adórnelos con cebollino fresco y sírvalos calientes.

SUGERENCIA

Puede preparar menos pastelitos y servirlos como aperitivo.

VARIACIÓN

Estos pastelitos resultan igualmente deliciosos con cualquier tipo de jamón curado en lugar del salmón ahumado.

2

3

3

Tortilla de patata con queso feta y espinacas

Esta gruesa tortilla de patata, muy fácil de preparar, se dobla y se rellena con una mezcla clásica de queso feta y espinacas.

Para 4 personas

INGREDIENTES

75 g de mantequilla
6 patatas mantecosas cortadas en dados
3 dientes de ajo chafados
1 cucharadita de pimentón
2 tomates despepitados, pelados y cortados en dados
12 huevos
pimienta

RELLENO:
225 g de espinacas tiernas
1 cucharadita de semillas de hinojo
125 g de queso feta cortado en dados
4 cucharadas de yogur natural

1 Caliente 2 cucharadas de mantequilla en una sartén y fría las patatas a fuego suave entre 7 y 10 minutos, hasta que se doren, removiendo. Páselas a un cuenco.

2 En la sartén, fría 2 minutos el ajo, el pimentón y el tomate.

3 Bata los huevos con pimienta y mézclelos con las patatas.

4 Escalde las espinacas en agua hirviendo 1 minuto. Escurra. Refrésquelas bajo el chorro de agua fría y séquelas con papel de cocina. Mézclelas con las semillas de hinojo, el queso feta y el yogur.

5 Caliente 1 cucharada de mantequilla en una sartén de 15 cm de diámetro. Vierta un cuarto de la mezcla de huevo y patata y cuézala 2 minutos, dándole la vuelta una vez, hasta que el huevo cuaje.

6 Coloque la tortilla en una fuente. Ponga una cuarta parte de la preparación de tomate y de la mezcla de espinacas sobre una mitad de la tortilla y dóblela por encima del relleno. Obtenga de este modo las 4 tortillas.

VARIACIÓN

Si lo prefiere, puede utilizar otro tipo de queso, por ejemplo azul, en lugar de feta, y brécol escaldado en lugar de espinacas tiernas.

Tortilla campesina

Esta tortilla española se puede servir como tapa igual que la de patata. La receta admite toda una variedad de verduras cocidas, lo que la convierte en ideal para utilizar las sobras.

Para 4 personas

INGREDIENTES

- 1 kg de patatas mantecosas cortadas en rodajas finas
- 4 cucharadas de aceite vegetal
- 1 cebolla cortada en rodajas
- 2 dientes de ajo chafados
- 1 pimiento verde cortado en dados
- 2 tomates despepitados y picados
- 25 g de maíz de lata, escurrido
- 6 huevos grandes batidos
- 2 cucharadas de perejil fresco picado
- sal y pimienta

1 Sancoche las patatas en agua hirviendo durante 5 minutos. Escúrralas bien.

2 Caliente el aceite en una sartén grande, incorpore las patatas y la cebolla y fríalas a fuego suave 5 minutos, sin dejar de remover, hasta que las patatas estén doradas.

3 Añada el ajo, el pimiento, el tomate y el maíz, mezclándolo todo bien.

4 Vierta el huevo batido con el perejil picado. Salpimente bien. Cueza la tortilla entre 10 y 12 minutos, hasta que la parte de abajo esté bien cocida.

5 Retire la sartén del fuego y siga cociendo la tortilla bajo el grill precalentado durante 5-7 minutos, o hasta que el huevo haya cuajado y la parte superior esté dorada.

6 Corte la tortilla en triángulos o dados, según lo prefiera, y sírvala con ensalada. La tortilla se puede servir muy caliente, caliente o bien fría.

SUGERENCIA

Asegúrese de que el mango de la sartén sea resistente al calor antes de ponerla bajo el grill, y utilice un agarrador para sacarla, ya que estará muy caliente.

2

3

4

Patatas fritas con pimentón

Puede preparar estas patatas, finas como las de churrería, en la barbacoa, y servirlas con pollo o carne de cerdo picante. También puede asarlas bajo el grill, pero así no tendrán el sabor de las brasas.

Para 4 personas

INGREDIENTES

2 patatas grandes
3 cucharadas de aceite de oliva
1/2 cucharadita de pimentón
sal

1 Con un cuchillo bien afilado, corte las patatas tan finas como pueda, casi transparentes. Escurra bien las rodajas y séquelas con papel de cocina.

2 Caliente el aceite en una sartén grande y añada el pimentón, removiendo sin parar para que no se pegue ni se queme.

3 Ponga una capa de patatas en la sarten y fríala durante unos 5 minutos o hasta que las rodajas se empiecen a curvar un poco por los bordes.

4 Retire las patatas de la sartén con una espumadera y colóquelas sobre papel de cocina para que queden bien escurridas.

5 Ensarte las patatas en varias brochetas de madera.

6 Espolvoree las patatas con un poco de sal y áselas en una barbacoa no demasiado caliente o bajo el grill (a temperatura media) durante unos 10 minutos, dándoles la vuelta a menudo, hasta que se empiecen a dorar. Si lo desea, espolvoree con un poco más de sal.

VARIACIÓN

Puede utilizar curry en polvo o cualquier otra especia en lugar de pimentón para sazonar las patatas.

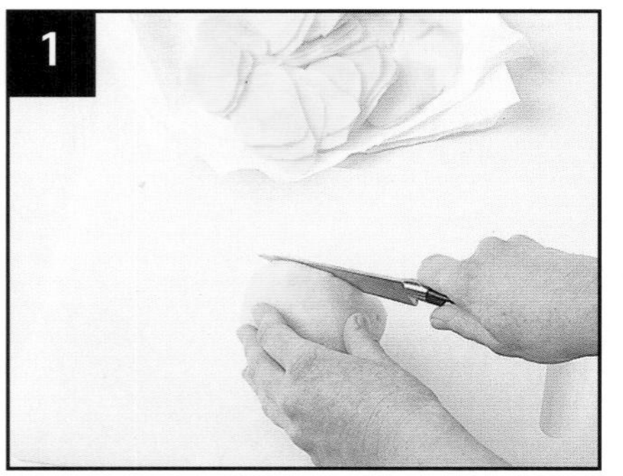
1

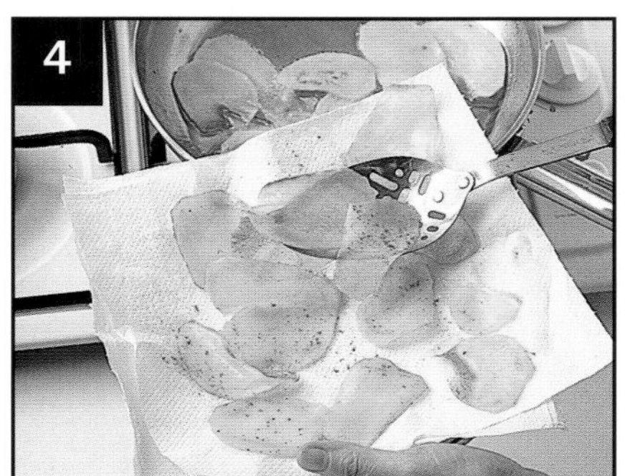
4

5

Patatas y champiñones cremosos

Estos champiñones al horno, con su cremoso relleno de patata y setas y su cobertura de queso fundido, constituyen una apetitosa comida ligera si se sirven con una ensalada verde.

Para 4 personas

INGREDIENTES

25 g de boletos comestibles (*boletus edulis*, en francés, *cèpes*) secos
225 g de patatas harinosas cortadas en dados
25 g de mantequilla derretida
4 cucharadas de nata líquida espesa
2 cucharadas de cebollino fresco picado
25 g de queso emmental rallado
8 champiñones grandes
150 ml de caldo vegetal
sal y pimienta
cebollino fresco, para adornar

1 Ponga los boletos secos en un cuenco, cúbralos con agua hirviendo y déjelos 20 minutos en remojo.

2 Mientras tanto, hierva las patatas en agua 10 minutos, hasta que estén cocidas. Escúrralas bien y haga un puré.

3 Escurra las setas y píquelas finas. Mézclelas con el puré.

4 Mezcle la mantequilla con la nata líquida y el cebollino y viértalo sobre el puré de patata con setas. Salpimente al gusto.

5 Retire el pie de los champiñones. Pique los pies e incorpórelos a la masa de patata. Rellene los sombreros y espolvoree con el queso por encima.

6 Coloque los champiñones rellenos en una bandeja para el horno y vierta en el fondo el caldo vegetal.

7 Cubra la bandeja y ase los champiñones en el horno precalentado a 220 °C durante 20 minutos. Retire la tapa y hornéelos 5 minutos más, hasta que se doren por la parte superior.

8 Adórnelos con cebollino y sírvalos bien calientes.

VARIACIÓN

Si lo prefiere, utilice setas frescas en lugar de boletos secos, y si desea un toque crujiente incorpore una mezcla de frutos secos picados en el relleno.

Fideos de patata con queso, champiñones y beicon

En esta receta, la patata sirve para elaborar una masa que después se corta en fideos gruesos y se hierve. Los fideos se aderezan con una cremosa salsa de beicon y champiñones.

Para 4 personas

INGREDIENTES

450 g de patatas harinosas cortadas en dados
225 g de harina
1 huevo batido
1 cucharada de leche
sal y pimienta
una ramita de perejil, para adornar

SALSA:
1 cucharada de aceite vegetal
1 cebolla picada
1 diente de ajo chafado
125 g de champiñones cortados en láminas
3 lonchas de beicon ahumado, picadas
50 g de queso parmesano rallado
300 ml de nata líquida espesa
2 cucharadas de perejil fresco picado

1 Cueza las patatas en agua hirviendo 10 minutos, hasta que estén tiernas. Escúrralas bien. Haga un puré suave y después incorpore la harina, el huevo y la leche. Salpimente al gusto y mezcle bien hasta formar una pasta dura.

2 Extienda la pasta con un rodillo sobre una superficie enharinada. Forme largos cilindros y córtelos en trozos de 2,5 cm. Ponga a hervir agua con sal y deje caer los trozos de masa; cuézalos 3-4 minutos. Cuando estén cocidos subirán a la superficie.

3 Para la salsa, caliente el aceite en una cazuela y saltee la cebolla y el ajo 2 minutos. Añada los champiñones y el beicon y fríalo 5 minutos. Agregue el queso, la nata líquida y el perejil; salpimente.

4 Escurra los fideos y páselos a un cuenco caliente. Vierta la salsa por encima y agite un poco para que se mezcle bien. Adorne con una ramita de perejil y sirva.

SUGERENCIA

Prepare los fideos, envuélvalos en papel de cocina y guárdelos en la nevera hasta 24 horas.

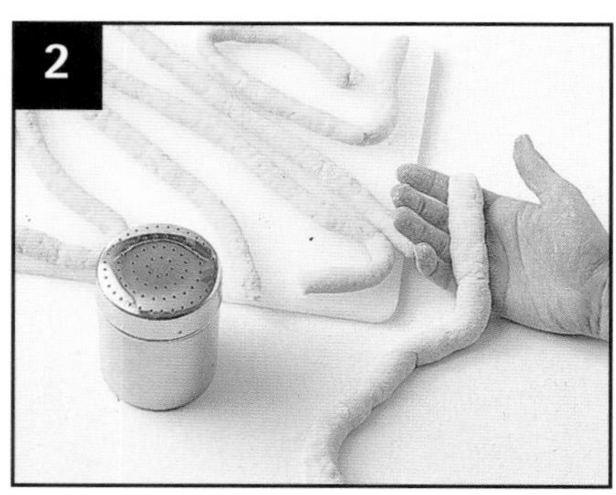

2

Horneado de patatas con setas

Para este cremoso plato horneado, utilice cualquier tipo de seta o champiñón que tenga a mano. Puede servirlo en la mesa directamente de la fuente del horno.

Para 4 personas

INGREDIENTES

- 25 g de mantequilla
- 450 g de patatas mantecosas cortadas en rodajas finas
- 150 g de setas variadas, cortadas en rodajas
- 1 cucharada de romero fresco picado
- 4 cucharadas de cebollino fresco picado
- 2 dientes de ajo chafados
- 150 ml de nata líquida espesa
- sal y pimienta
- cebollino fresco, para adornar

1 Engrase con mantequilla una fuente llana para el horno.

2 Sancoche las patatas en agua hirviendo 10 minutos. Escúrralas bien. Con una cuarta parte de las patatas, forme una capa en la base de la fuente.

3 Disponga un cuarto de las setas por encima de las patatas y espolvoree con una cuarta parte del romero, el cebollino y el ajo.

4 Siga formando capas en el mismo orden, hasta terminar con una de patatas.

5 Vierta la nata líquida por encima. Salpimente.

6 Cueza la preparación en el horno precalentado a 190 °C durante 45 minutos o hasta que esté dorada.

7 Adorne con el cebollino y sirva inmediatamente.

SUGERENCIA

Para una ocasión especial, puede preparar el plato en un molde para pasteles y desmoldarlo antes de servir.

VARIACIÓN

Si desea obtener un sabor mucho más intenso, utilice 50 g de setas secas remojadas en lugar de la mezcla de setas frescas.

2

3

5

Naan picante relleno de patata

Este plato es una especie de emparedado indio que satisface cualquier apetito. El naan *está relleno de patata picante y se sirve con una refrescante* raita *de pepino y encurtido de lima.*

Para 4 personas

INGREDIENTES

225 g de patatas mantecosas, limpias y cortadas en dados
1 cucharada de aceite vegetal
1 cebolla picada
2 dientes de ajo chafados
1 cucharadita de comino molido
1 cucharadita de cilantro molido
1/2 cucharadita de guindilla en polvo
1 cucharada de pasta de tomate
3 cucharadas de caldo vegetal
75 g de espinacas tiernas cortadas en tiras finas
4 panes indios del tipo *naan* pequeños o 2 grandes
encurtido de lima para acompañar

RAITA:
150 ml de yogur natural
4 cucharadas de pepino cortado en dados
1 cucharada de menta picada

1 Cueza las patatas en agua hirviendo 10 minutos. Escúrralas bien.

2 Caliente el aceite vegetal en una cazuela y fría la cebolla y el ajo durante 3 minutos, sin dejar de remover. Añada las especias y fría otros 2 minutos.

3 Incorpore las patatas, la pasta de tomate, el caldo vegetal y las espinacas. Cuézalo 5 minutos, hasta que las patatas estén tiernas.

4 Caliente el pan en el horno precalentado a 150 °C durante unos 2 minutos.

5 Para preparar la *raita*, mezcle el yogur con el pepino y la menta en un cuenco pequeño.

6 Retire el pan *naan* del horno. Con un cuchillo afilado, haga una incision en cada pan. Con una cuchara, reparta el relleno entre los cuatro panes.

7 Sirva los panes rellenos sin dilación, acompañados con la *raita* y el encurtido de lima.

SUGERENCIA

Para dar un sabor mucho más intenso a la raita, *prepárela con antelación y deje que se enfríe en la nevera hasta el momento de servirla.*

3

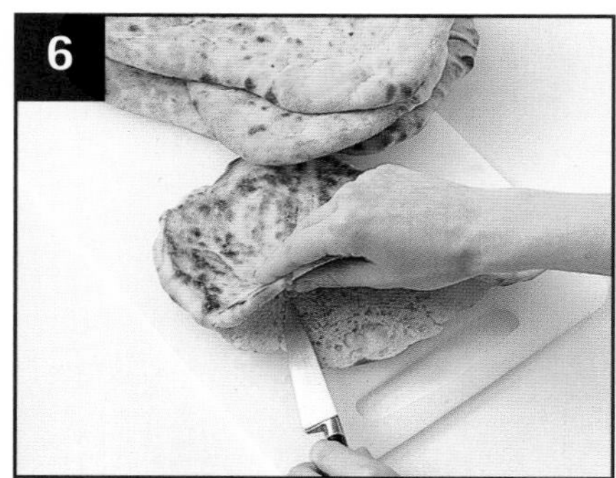
6

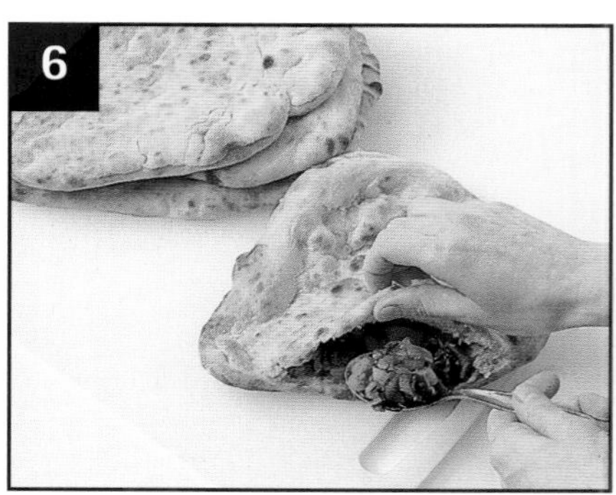
6

Pasta filo con patatas y espinacas

Estas pequeñas empanadillas se hacen con pasta filo y un delicioso relleno de espinacas y patatas sazonado con guindilla y tomate. Sírvalas frías o calientes y con la mayonesa al limón.

Para 4 personas

INGREDIENTES

225 g de patatas mantecosas cortadas en dados pequeños
450 g de espinacas tiernas
1 tomate, despepitado y picado
1/4 de cucharadita de guindilla en polvo
1/2 cucharadita de zumo de limón
1 paquete de 225 g de pasta filo, (a temperatura ambiente si utiliza pasta congelada)
25 g de mantequilla derretida
sal y pimienta

MAYONESA:
150 ml de mayonesa
2 cucharaditas de zumo de limón
la ralladura de 1 limón

1 Engrase ligeramente una bandeja para el horno con un poco de mantequilla.

2 Cueza las patatas en agua hirviendo 10 minutos o hasta que estén tiernas. Escúrralas bien y póngalas en un cuenco grande.

3 Mientras tanto, ponga las espinacas en una cazuela con 2 cucharadas de agua, tápela y cuézalas a fuego suave 2 minutos, hasta que se ablanden. Escurra bien las espinacas e incorpórelas a las patatas.

4 Agregue el tomate picado, la guindilla en polvo y el zumo de limón. Salpimente al gusto.

5 Engrase ligeramente 8 láminas de pasta filo. Extienda 4 de ellas y coloque las otras 4 encima. Córtelas en rectángulos de 20 x 10 cm.

6 Con una cuchara, coloque la masa de patata y espinacas en un extremo de cada rectángulo. Doble una esquina de pasta por encima del relleno, doble la punta triangular que queda por encima de la lámina de pasta y después por encima del trozo restante, hasta formar una bolsa triangular.

7 Coloque los triángulos en la bandeja del horno y áselos en el horno precalentado a 190 °C unos 20 minutos o hasta que se doren.

8 Para la salsa, mezcle la mayonesa con el zumo y la ralladura de limón en un cuenco pequeño. Sirva los triángulos de pasta filo fríos o calientes, acompañados con la mayonesa y con una ensalada verde.

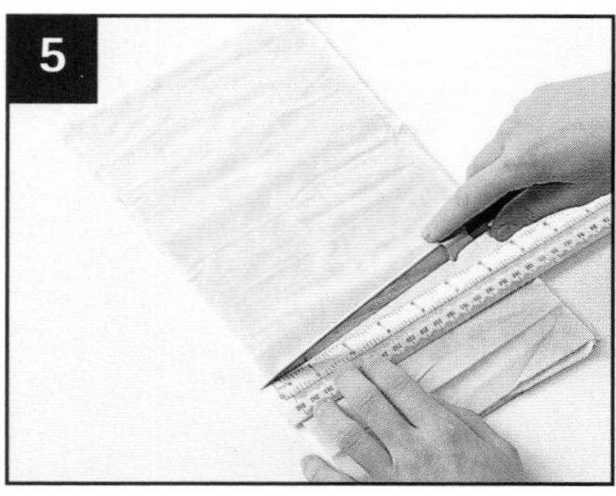

5

6

6

Guarniciones

Cuando pensamos en la patata como guarnición, inevitablemente la asociamos con carne y verduras, y la imaginamos asada o hervida. De hecho, la patata es tan versátil que se puede combinar con tantos sabores y cocinar de tantas maneras diferentes que constituye una base perfecta para una gran variedad de exquisitas guarniciones o platos para acompañar. Este capítulo, con su colección de tentadoras recetas, es una muestra de esta versatilidad.

Las patatas se pueden preparar y servir de muchas formas distintas, como puré, asadas, salteadas, rehogadas o fritas en abundante aceite, asadas al horno o hervidas. En este capítulo encontrará todo tipo de recetas para guarniciones, como por ejemplo los boniatos caramelizados, unas patatas bravas, el salteado de patatas tailandés y las patatas al vapor en papillote. También hallará recetas clásicas como las patatas dauphinoise *y las* pommes Anna, *y versiones de platos tradicionales como las patatas asadas o fritas picantes.*

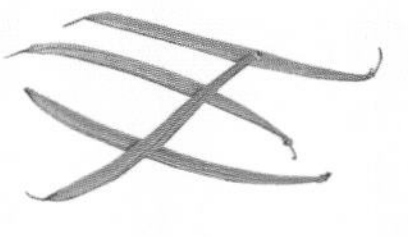

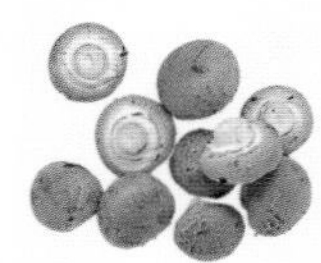

Colcannon

Ésta es una antigua receta irlandesa que se suele servir con un trozo de beicon, pero también resulta deliciosa con pollo o pescado.

Para 4 personas

INGREDIENTES

- 225 g de col verde cortada en tiras finas
- 85 ml de leche
- 225 g de patatas harinosas cortadas en dados
- 1 puerro grande picado
- una pizca de nuez moscada
- 15 g de mantequilla derretida
- sal y pimienta

1 Cueza la col en agua con sal 7-10 minutos. Escúrrala bien y resérvela.

2 Mientras tanto, en una cazuela aparte, lleve la leche a ebullición y añada las patatas y el puerro. Baje la temperatura y cuézalo a fuego lento durante 15-20 minutos o hasta que todo esté totalmente cocido.

3 Añada la nuez moscada y haga un puré con las patatas y el puerro.

4 Incorpore la col en el puré y mezcle bien.

5 Disponga la preparación en una fuente de servir y haga un hoyo en el centro con el dorso de una cuchara.

6 Vierta la mantequilla derretida en el hueco y sirva el plato inmediatamente.

SUGERENCIA

Existen muchas variedades de col, que se cosechan en distintas épocas. Por lo tanto, este delicioso plato se podrá preparar en cualquier estación del año.

VARIACIÓN

Si desea potenciar el sabor del plato, añada también dados de beicon frito al incorporar la col.

2

4

5

Boniatos caramelizados

Esta receta incorpora un toque de sabor caribeño. Los boniatos se cuecen con azúcar, lima y un chorrito de brandi.

Para 4 personas

INGREDIENTES

675 g de boniatos cortados en rodajas
40 g de mantequilla
1 cucharada de zumo de lima
75 g de azúcar moreno fino
1 cucharada de brandi
la ralladura de 1 lima
gajos de lima, para adornar

1 Cueza los boniatos en agua hirviendo durante 5 minutos. Compruebe si se han ablandado pinchándolos con un tenedor. Retírelos con una espumadera y deje que se escurran bien.

2 Derrita la mantequilla en una sartén grande. Agregue el zumo de lima y el azúcar moreno y caliéntelo lentamente para disolver el azúcar.

3 Ponga los boniatos en la sartén y vierta el brandi. Cúbralo y cuézalo a fuego suave 10 minutos, hasta que las rodajas de boniato estén bien cocidas.

4 Espolvoree la ralladura de lima por encima de los boniatos y mezcle bien.

5 Coloque los boniatos caramelizados en una fuente de servir. Decórelos con los gajos de lima y sírvalos inmediatamente.

VARIACIÓN

Si lo desea, puede sustituir los boniatos por patatas mantecosas. En este caso, en lugar de 5 minutos, hierva las patatas durante 10 minutos en el paso 1 y prosiga con el resto de la receta.

VARIACIÓN

Este plato es ideal para servirlo con carnes picantes, que complementan el dulzor del boniato.

SUGERENCIA

Los boniatos tienen la piel rosada y la carne blanca, amarilla o anaranjada. Para esta receta se puede utilizar cualquiera de ellos.

Patatas con cebolla y hierbas

Las patatas fritas son uno de los platos favoritos de siempre; aquí se les añade sabor precocinando las patatas y después rehogándolas con mantequilla junto con la cebolla, el ajo y las hierbas.

Para 4 personas

INGREDIENTES

900 g de patatas mantecosas cortadas en dados
125 g de mantequilla
1 cebolla roja cortada en 8 trozos
2 dientes de ajo chafados
1 cucharadita de zumo de limón
2 cucharadas de tomillo fresco picado
sal y pimienta

1 Cueza las patatas en agua hirviendo 10 minutos. Escúrralas totalmente.

2 Derrita la mantequilla en una sartén de base gruesa y, removiendo, rehogue los trozos de cebolla, el ajo y el zumo de limón durante 2-3 minutos.

3 Añada las patatas a la sartén y mezcle bien todos los ingredientes.

4 Baje la temperatura, tape la sartén y déjelo cocer durante 25-30 minutos o hasta que las patatas estén doradas y tiernas.

5 Espolvoree con el tomillo picado y sazone con sal y pimienta.

6 Sirva las patatas con cebolla y hierbas inmediatamente, como guarnición para acompañar carnes o pescados a la parrilla.

SUGERENCIA

Vigile las patatas y vaya removiéndolas durante todo el tiempo de cocción, para que no se quemen ni se peguen al fondo de la sartén.

SUGERENCIA

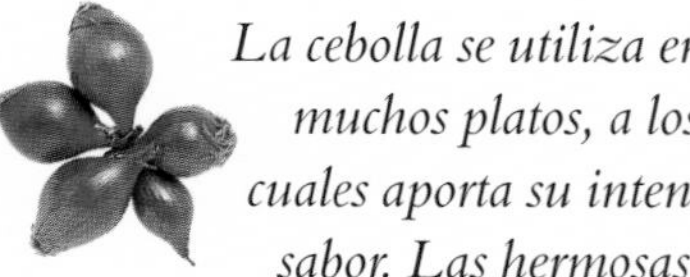

La cebolla se utiliza en muchos platos, a los cuales aporta su intenso sabor. Las hermosas cebollas rojas utilizadas en esta receta tienen un sabor discreto y algo dulzón, así como un aspecto muy atractivo. Debido a su suavidad, también resultan adecuadas para comer crudas en ensaladas.

Patatas nuevas caramelizadas

Esta sencilla receta acompaña muy bien un plato de carne de cerdo o de ave cocinado de forma sencilla, pues suelta un jugo delicioso que complementa el sabor de la carne.

Para 4 personas

INGREDIENTES

675 g de patatas nuevas, limpias
4 cucharadas de azúcar moreno
60 g de mantequilla
1 cucharada de zumo de naranja
1 cucharada de perejil o cilantro fresco picado
sal y pimienta
virutas de piel de naranja, para adornar

1 Cueza las patatas nuevas en agua hirviendo 10 minutos, o hasta que estén casi tiernas. Escúrralas bien.

2 Derrita el azúcar en una sartén de base gruesa, a fuego lento y sin dejar de remover.

3 Añada la mantequilla y el zumo de naranja y remueva hasta que se derrita la mantequilla.

4 Incorpore las patatas a la mezcla y acabe de cocerlas, dándoles la vuelta a menudo hasta que estén totalmente recubiertas de caramelo.

5 Espolvoree el perejil o el cilantro picado por encima de las patatas y salpimente al gusto.

6 Disponga las patatas caramelizadas en una fuente de servir y adórnelas con las virutas de piel de naranja. Sírvalas inmediatamente.

SUGERENCIA

Caliente el azúcar y la mantequilla lentamente, sin dejar de remover, para que el caramelo no se queme ni se pegue al fondo de la sartén.

VARIACIÓN

Si lo prefiere, puede utilizar zumo de lima o de limón en lugar de naranja. También puede decorar el plato terminado con piel de limón o de lima.

3

5

Patatas bravas

En España, este tipo de plato se suele servir como tapa, pero también resulta delicioso acompañado con ensalada o carne a la plancha.

Para 4 personas

INGREDIENTES

- 2 cucharadas de aceite de oliva
- 450 g de patatas nuevas pequeñas, cortadas por la mitad
- 1 cebolla partida por la mitad y después en rodajas
- 1 pimiento verde cortado en tiras finas
- 1 cucharadita de guindilla en polvo
- 1 cucharadita de mostaza
- 300 ml de tomate triturado
- 300 ml de caldo vegetal
- sal y pimienta
- perejil fresco picado, para decorar

1 Caliente el aceite de oliva en una sartén y ponga las patatas y la cebolla. Rehóguelas durante unos 4-5 minutos, removiendo, hasta que la cebolla se haya ablandado un poco.

2 Incorpore el pimiento, la guindilla en polvo y la mostaza y cuézalo todo junto otros 2-3 minutos.

3 Vierta el tomate y el caldo vegetal en la sartén y llévelo a ebullición. Reduzca la temperatura y cuézalo unos 25 minutos o hasta que las patatas estén bien tiernas. Salpimente.

4 Coloque las patatas en una fuente. Esparza el perejil por encima y sírvalas calientes. También puede dejarlas enfriar por completo y servirlas frías.

SUGERENCIA

En España, las tapas se suelen acompañar con un vaso de jerez frío o algún otro aperitivo.

SUGERENCIA

Los apetecibles tentempiés llamados tapas son una costumbre social de larga tradición en España. Se suelen tomar antes de comer o cena y son muy variadas, desde aceitunas rellenas o almendras saladas hasta tacos de jamón o calamares a la romana.

Patatas indias picantes con espinacas

La patata es muy utilizada en la cocina india, que ofrece muchos platos a base de patata picantes. A esta receta se le han incorporado espinacas para añadir color y sabor.

Para 4 personas

INGREDIENTES

- $^{1}/_{2}$ cucharadita de semillas de cilantro
- 1 cucharadita de semillas de comino
- 4 cucharadas de aceite vegetal
- 2 vainas de cardamomo
- 1 trozo de jengibre de 2 cm, rallado
- 1 guindilla roja picada
- 1 cebolla picada
- 2 dientes de ajo chafados
- 450 g de patatas nuevas cortadas en cuartos
- 150 ml de caldo vegetal
- 675 g de espinacas picadas
- 4 cucharadas de yogur natural
- sal y pimienta

1 En un mortero, maje bien las semillas de cilantro y de comino.

2 Caliente el aceite en una sartén y rehogue las semillas molidas junto con el cardamomo y el jengibre durante unos 2 minutos.

3 Añada la guindilla picada, la cebolla y el ajo. Rehóguelo todo junto otros 2 minutos, sin dejar de remover.

4 Incorpore las patatas y el caldo de verduras. Cuézalo a fuego suave 30 minutos o hasta que las patatas estén bien tiernas, removiendo de vez en cuando.

5 Añada las espinacas y cuézalo todo junto otros 5 minutos.

6 Retire la sartén del fuego y agregue el yogur. Salpimente al gusto. Coloque las patatas con espinacas en una fuente y sírvalas de inmediato.

VARIACIÓN

Si lo prefiere, utilice espinacas congeladas en lugar de frescas. Descongélelas y escúrralas bien antes de incorporarlas en el guiso, pues de otro modo quedaría aguado.

SUGERENCIA

Este plato es ideal para servirlo con un curry de carne, o bien como parte de una comida vegetariana.

1

3

4

Patatas con setas al vino tinto

Esta suculenta receta resulta ideal para acompañar carnes rojas como el buey y la caza, cuyo sabor complementa.

Para 4 personas

INGREDIENTES

125 g de mantequilla
450 g de patatas nuevas partidas por la mitad
200 ml de vino tinto
85 ml de caldo de carne
8 chalotes partidos por la mitad
125 g de setas de ostra (u otro tipo de seta)
1 cucharada de salvia o cilantro fresco picado
sal y pimienta
hojas de salvia o ramitas de cilantro, para adornar

1 Derrita la mantequilla en una sartén de base gruesa y rehogue las patatas a fuego suave durante 5 minutos, sin dejar de remover.

2 Añada el vino tinto, el caldo de carne y los chalotes. Salpimente al gusto y cuézalo a fuego lento unos 30 minutos.

3 Agregue las setas y la salvia o el cilantro picado y cuézalo otros 5 minutos.

4 Disponga el guiso de patata y setas en una fuente caliente. Adorne con hojas de salvia o ramitas de cilantro y sírvalo de inmediato.

SUGERENCIA

Las setas de ostra pueden ser grisáceas, amarillas o rojizas. Tienen una textura blanda y un sabor suave. Al cocinarlas desprenden mucho líquido y pierden hasta la mitad de su volumen. Al fuego, se ablandan enseguida; por lo tanto, incorpórelas hacia el final de la cocción.

VARIACIÓN

Si no encuentra setas de ostra puede utilizar cualquier otro tipo, como por ejemplo champiñones o rebozuelos.

Patatas al jengibre

Este sencillo plato con especias resulta ideal para acompañar carnes o pescados a la parrilla. Los anacardos y el apio le dan un toque crujiente.

Para 4 personas

INGREDIENTES

675 g de patatas mantecosas cortadas en dados
2 cucharadas de aceite vegetal
1 trozo de 5 cm de jengibre, rallado
1 guindilla verde picada
1 tallo de apio picado
25 g de anacardos
unas hebras de azafrán
3 cucharadas de agua hirviendo
60 g de mantequilla
hojas de apio, para decorar

1 Cueza las patatas en agua hirviendo 10 minutos. Escúrralas bien.

2 Caliente el aceite en una sartén de base gruesa y rehogue las patatas durante 3-4 minutos, sin dejar de remover.

3 Incorpore el jengibre rallado, la guindilla, el apio y los anacardos y cuézalo 1 minuto más.

4 Mientras tanto, en un bol pequeño, ponga el azafrán en remojo con el agua hirviendo.

5 Añada la mantequilla y la mezcla de azafrán a la sartén. Cueza a fuego suave 10 minutos o hasta que las patatas estén tiernas.

6 Adorne las patatas al jengibre con las hojas de apio y sírvalas sin dilación.

SUGERENCIA

Utilice una sartén antiadherente de base gruesa, pues la mezcla de patata es bastante seca y podría pegarse al fondo en un recipiente normal.

VARIACIÓN

Si prefiere un plato menos picante, quite las semillas de la guindilla o bien suprímala.

3

4

5

Salteado de patata tailandés

Este plato rezuma el tradicional sabor agridulce tailandés. Las verduras tiernas simplemente se saltean con especias y leche de coco y se sazonan con lima.

Para 4 personas

INGREDIENTES

4 patatas mantecosas cortadas en dados
2 cucharadas de aceite vegetal
1 pimiento amarillo cortado en dados
1 pimiento rojo cortado en dados
1 zanahoria cortada en juliana fina
1 calabacín cortado en juliana fina
2 dientes de ajo chafados
1 guindilla roja cortada en rodajitas
1 manojo de cebolletas cortadas a lo largo
8 cucharadas de leche de coco
1 cucharadita de citronela picada
2 cucharaditas de zumo de lima
la ralladura fina de 1 lima
1 cucharada de cilantro fresco picado

1 Cueza las patatas cortadas en dados en agua hirviendo 5 minutos. Escúrralas bien.

2 Caliente el aceite en un wok o una sartén grande y ponga las patatas, los pimientos, la zanahoria, el calabacín, el ajo y la guindilla. Saltee las verduras durante 2-3 minutos.

3 Añada la cebolleta, la leche de coco, la citronela y el zumo de lima y saltee otros 5 minutos.

4 Añada la ralladura de lima y el cilantro y saltee durante 1 minuto más. Sirva el salteado de patata bien caliente.

SUGERENCIA

Procure que las patatas no queden demasiado cocidas en el paso 1, pues si ocurriera se podrían romper al saltearlas en el wok.

VARIACIÓN

Casi cualquier combinación de verduras es adecuada para este plato. Por ejemplo, el pimiento se puede sustituir por judías tiernas o tirabeques.

Rodajas de patata y queso

Esta receta es bastante elaborada, pero el esfuerzo merece la pena. Las doradas rodajas de patata rebozadas con pan rallado y queso son deliciosas para acompañar un plato de pescado, y también solas.

Para 4 personas

INGREDIENTES

3 patatas mantecosas grandes, sin pelar y cortadas en rodajas gruesas
16 cucharadas de pan rallado
8 cucharadas de queso parmesano rallado
$1^1/_2$ cucharaditas de guindilla en polvo
2 huevos batidos
aceite para freír
guindilla en polvo para espolvorear (opcional)

1 Cueza las rodajas de patata en agua hirviendo durante 10-15 minutos o hasta que estén tiernas. Escúrralas bien.

2 En un cuenco, mezcle el pan rallado con el queso y la guindilla y después pase la preparación a un plato llano. Vierta el huevo batido en otro plato llano.

3 Pase las rodajas de patata por el huevo y después rebócelas bien con el pan rallado.

4 Caliente el aceite en una cazuela grande o freidora a 180-190 °C o hasta que un dado de pan se dore en 30 segundos. Fría las rodajas de patata en varias tandas, durante 4-5 minutos o hasta que adquieran un color dorado.

5 Retire las patatas con una espumadera y deje que se escurran bien sobre papel de cocina. Manténgalas calientes mientras acaba de freírlas todas.

6 Reparta las rodajas de patata y queso en los platos para servir calientes. Si lo desea, espolvoréelas con la guindilla en polvo. Sírvalas bien calientes.

VARIACIÓN

Si prefiere una alternativa algo más saludable, puede utilizar pan rallado integral en lugar de blanco.

SUGERENCIA

Puede rebozar con antelación las rodajas de patata con la mezcla de pan rallado y queso y guardarlas en la nevera hasta que las necesite.

2

3

5

Patatas asadas con mayonesa de lima

Este plato es ideal para acompañar alimentos a la parrilla o a la barbacoa, ya que las patatas se pueden preparar de cualquiera de estas dos maneras.

Para 4 personas

INGREDIENTES

450 g de patatas sin pelar, limpias
40 g de mantequilla derretida
2 cucharadas de tomillo fresco picado
pimentón para espolvorear

MAYONESA DE LIMA:
150 ml de mayonesa
2 cucharaditas de zumo de lima
la ralladura fina de 1 lima
1 diente de ajo chafado
una pizca de pimentón
sal y pimienta

1 Corte las patatas en rodajas de 1 cm de grosor.

2 Cueza las patatas en una cazuela con agua hirviendo durante 5-7 minutos; deben tener una consistencia firme. Retírelas con una espumadera y escúrralas bien.

3 Forre una bandeja para el horno con papel de aluminio y coloque las rodajas de patata.

4 Pinte las patatas con la mantequilla derretida y espolvoree con el tomillo picado. Salpimente al gusto.

5 Ase las patatas bajo el grill precalentado a temperatura media, 10 minutos, dándoles la vuelta una vez.

6 Mientras, prepare la salsa. Mezcle en un bol la mayonesa con el zumo y la ralladura de lima, el ajo y el pimentón; salpimente.

7 Espolvoree las patatas con pimentón y sírvalas con la mayonesa de lima.

SUGERENCIA

Para una buena guarnición, ensarte las rodajas de patata en una brocheta y áselas en la barbacoa a temperatura media.

SUGERENCIA

Si lo prefiere, puede poner sobre las rodajas de patata una cucharada de mayonesa de lima antes de servirlas.

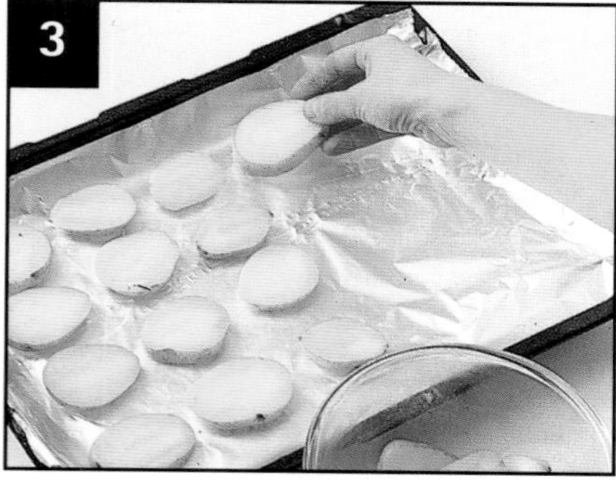

Trío de purés de patata

Estos pastelitos de capas de sabrosa patata tienen un aspecto magnífico y resultan ideales para servir en una ocasión especial, como acompañamiento de pescado o carne asada.

Para 4 personas

INGREDIENTES

300 g de patatas harinosas picadas
125 g de nabos gallegos picados
1 zanahoria picada
450 g de espinacas
1 cucharada de leche
15 g de mantequilla
25 g de harina
1 huevo
1/2 cucharadita de canela molida
1 cucharada de zumo de naranja
1/4 de cucharadita de nuez moscada rallada
sal y pimienta
zanahoria cortada en juliana, para adornar

1 Engrase ligeramente cuatro tarrinas o moldes para flan de 150 ml de capacidad.

2 Cueza las patatas en agua hirviendo 10 minutos. Mientras tanto, por separado, cueza el nabo y la zanahoria, también 10 minutos. Escalde las espinacas en un poco de agua hiviendo durante 5 minutos. Escurra todas las verduras.

3 Incorpore a las patatas la leche y la mantequilla y haga un puré. Agregue la harina y el huevo.

4 Divida el puré de patata en 3 partes iguales y ponga cada una de ellas en un cuenco distinto. Incorpore el nabo en uno de los cuencos y mezcle bien. Proceda de igual modo con la zanahoria y las espinacas en los otros dos cuencos.

5 Añada la canela al puré de patata y nabo y salpimente al gusto. En la mezcla de patata y zanahoria, incorpore el zumo de naranja, y en la de patata y espinaca, espolvoree la nuez moscada y mezcle bien.

6 Coloque una capa de puré de patata y nabo en cada una de las tarrinas o moldes y aplane la superficie. Cubra con una capa de patata y espinaca y finalmente con otra de patata y zanahoria. Tape las tarrinas con papel de aluminio y colóquelas en una fuente honda para el horno. Llene la fuente hasta la mitad con agua hirviendo y cuézalo en el horno precalentado a 180 °C unos 40 minutos.

7 Desmolde sobre los platos, adorne con la zanahoria en juliana y sírvalo inmediatamente.

Patatas fritas picantes

Son patatas fritas caseras, pero con una diferencia: llevan especias y se preparan en el horno. Sírvalas como acompañamiento de una hamburguesa o un bistec.

Para 4 personas

INGREDIENTES

4 patatas mantecosas grandes
2 boniatos
50 g de mantequilla derretida
1/2 cucharada de guindilla en polvo
1 cucharadita de *garam masala*
sal

1 Corte las patatas y los boniatos en rodajas de 1 cm de grosor y después en tiras.

2 Colóquelas en un cuenco grande con agua fría y sal. Déjelas en remojo durante 20 minutos.

3 Retire las patatas y los boniatos con una espumadera y escúrralos bien. Acabe de secarlos con papel absorbente.

4 Vierta la mantequilla derretida sobre una bandeja para el horno. Coloque patatas y boniatos en la bandeja. Espolvoree con la guindilla en polvo y la *garam masala*, removiendo para que todo quede bien rebozado.

5 Ase las patatas y los boniatos en el horno precalentado a 200 °C durante 40 minutos, dándoles la vuelta con frecuencia hasta que estén dorados y hechos.

6 Escúrralos sobre papel de cocina para eliminar el exceso de grasa y sírvalos bien calientes.

VARIACIÓN

Para darles más sabor, espolvoree las patatas fritas con semillas de hinojo o de comino antes de servirlas.

SUGERENCIA

Si las patatas cortadas se pasan por el grifo de agua fría se elimina el almidón, lo que evita que se peguen al cocinarlas. Déjelas en remojo en un cuenco con agua fría y sal y quedarán más crujientes.

1

Gajos de patata a la italiana

Estos gajos de patata asados al horno incorporan los ingredientes clásicos de la pizza y resultan deliciosos para acompañar carnes sencillas, por ejemplo de cerdo o cordero.

Para 4 personas

INGREDIENTES

2 patatas mantecosas grandes, sin pelar
4 tomates maduros grandes, pelados y despepitados
150 ml de caldo vegetal
2 cucharadas de pasta de tomate
1 pimiento amarillo pequeño cortado en tiras
125 g de champiñones cortados en cuartos
1 cucharada de albahaca fresca picada
50 g de queso rallado
sal y pimienta

1 Corte las patatas en 8 gajos. Sancóchelas en agua hirviendo durante 15 minutos. Escúrralas bien y colóquelas en una fuente llana para el horno.

2 Pique los tomates e incorpórelos a las patatas. Mezcle el caldo con la pasta de tomate y viértalo por encima de la preparación.

3 Añada las tiras de pimiento amarillo, los champiñones cortados en cuartos y la albahaca picada. Salpimente bien.

4 Espolvoree con el queso rallado y cueza la preparación en el horno precalentado a 190 °C durante 15-20 minutos, hasta que la parte superior esté dorada. Sírvalo inmediatamente.

SUGERENCIA

Para gratinar, utilice cualquier queso que se funda bien, como mozzarella, generalmente usado en las pizzas. También puede elegir gruyère o emmental, si así lo prefiere.

SUGERENCIA

Estos gajos de patata también pueden constituir una cena ligera, acompañados con trozos de crujiente pan blanco o integral.

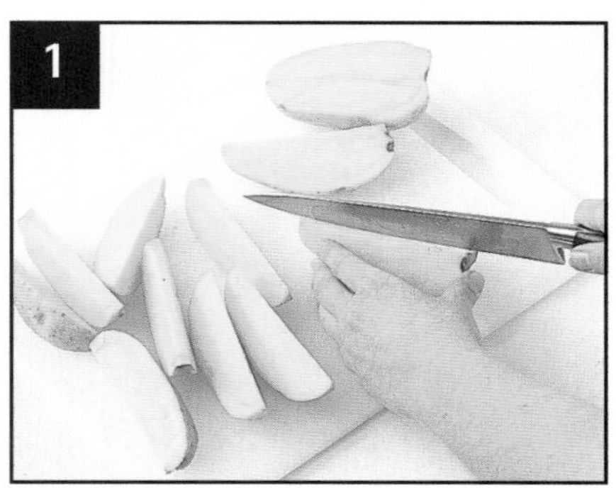

1

2

4

Patatas al azafrán con mostaza

El azafrán se obtiene del estigma seco de la planta del azafrán croco, originaria de Grecia. Es muy caro, pero sólo se necesita una pequeña cantidad para dar sabor a un plato.

Para 4 personas

INGREDIENTES

1 cucharadita de hebras de azafrán
6 cucharadas de agua hirviendo
675 g de patatas mantecosas, sin pelar y cortadas en gajos
1 cebolla roja cortada en 8 gajos
2 dientes de ajo chafados
1 cucharada de vinagre de vino blanco
2 cucharadas de aceite de oliva
1 cucharada de mostaza de grano entero
5 cucharadas de caldo vegetal
5 cucharadas de vino blanco seco
2 cucharaditas de romero fresco picado
sal y pimienta

1 En un cuenco pequeño, ponga en remojo el azafrán con el agua hirviendo y déjelo 10 minutos.

2 Ponga las patatas en una fuente honda para el horno, junto con los gajos de cebolla y el ajo chafado.

3 Añada el vinagre, el aceite, la mostaza, el caldo vegetal, el vino blanco, el romero y el azafrán con su agua por encima de las patatas con cebolla. Salpimente al gusto.

4 Cubra la fuente con papel de aluminio y cuézalo en el horno precalentado a 200 °C durante 30 minutos.

5 Retire el papel de aluminio y cuézalo 10 minutos más, hasta que las patatas estén tiernas, doradas y crujientes. Sírvalas calientes.

VARIACIÓN

Si lo prefiere, dé sabor a las patatas sólo con vino en lugar de añadir también caldo vegetal.

SUGERENCIA

Para obtener el color amarillo, puede utilizar cúrcuma en lugar de azafrán, aunque este último es preferible porque además aporta al plato su especial y exclusivo sabor.

Patatas asadas picantes

En esta deliciosa variación de la tradicional patata asada, las patatas nuevas se limpian y se hierven con la piel, para después aderezarlas con una mezcla de guindilla y asarlas al punto en el horno.

Para 4 personas

INGREDIENTES

450 g de patatas nuevas pequeñas, limpias
150 ml de aceite vegetal
1 cucharadita de guindilla en polvo
1/2 cucharadita de semillas de alcaravea
1 cucharadita de sal
1 cucharada de albahaca fresca picada

1 Cueza las patatas en agua hirviendo 10 minutos. Escúrralas bien.

2 Recubra el fondo de una bandeja para el horno poco profunda con un poco de aceite. Caliente el aceite en el horno precalentado a 200 °C durante 10 minutos. Coloque las patatas en la bandeja y píntelas con el aceite caliente.

3 En un bol pequeño, mezcle la guindilla con las semillas de alcaravea y la sal. Espolvoree las patatas con la mezcla, dándoles la vuelta para recubrirlas bien.

4 Vierta el resto del aceite en la bandeja y ase las patatas en el horno durante 15 minutos o hasta que estén totalmente cocidas.

5 Con una espumadera, saque las patatas de la bandeja y páselas a una fuente de servir caliente. Espolvoréelas con la albahaca picada y sírvalas inmediatamente.

VARIACIÓN

Para variar de sabor, utilice cualquier especia que sea de su agrado, como curry en polvo o pimentón.

SUGERENCIA

Estas patatas picantes son ideales para servir con platos de carne sencillos, como cordero, cerdo o pollo asados o a la parrilla.

2

3

5

Patatas a la parmesana

Ésta es una manera muy sencilla de dar un toque especial a unas patatas asadas. Al igual que las tradicionales, se pueden servir como acompañamiento de carne o pescado.

Para 4 personas

INGREDIENTES

6 patatas
50 g de queso parmesano rallado
1 pizca de nuez moscada rallada
1 cucharada de perejil fresco picado
4 lonchas de beicon ahumado cortadas en tiras
aceite
sal

1 Corte las patatas por la mitad a lo largo y cuézalas en agua hirviendo durante 10 minutos. Escúrralas bien.

2 Mezcle el queso parmesano rallado con la nuez moscada y el perejil en un cuenco pequeño.

3 Reboce los trozos de patata con la mezcla de queso y sacúdalos para eliminar el exceso.

4 Vierta un poco de aceite en una bandeja para asados y caliéntelo 10 minutos en el horno precalentado a 200 °C. Retire la bandeja del horno y coloque las patatas. Áselas en el horno durante 10 minutos, dándoles la vuelta una vez.

5 Retire las patatas del horno y ponga por encima las tiras de beicon. Hornéelas 15 minutos más o hasta que estén asadas, así como el beicon. Elimine el exceso de aceite antes de servir.

SUGERENCIA

Se ha utilizado queso parmesano por su sabor característico, pero cualquier queso duro rallado resulta adecuado para este plato.

VARIACIÓN

Si lo prefiere, utilice rodajas de salami o jamón curado en lugar de beicon; añádalas al plato 5 minutos antes de acabar la cocción.

Patatas dauphinoise

Se trata de la clásica receta de capas de patata, nata líquida, ajo, cebolla y queso. Acompaña de maravilla el pescado escalfado, por ejemplo salmón fresco, o bien ahumado.

Para 4 personas

INGREDIENTES

15 g de mantequilla
675 g de patatas mantecosas, cortadas en rodajas
2 dientes de ajo chafados
1 cebolla roja cortada en rodajas
75 g de queso gruyère rallado
300 ml de nata líquida espesa
sal y pimienta

1 Engrase una fuente para el horno de 1 litro de capacidad con un poco de mantequilla.

2 Extienda una capa de rodajas de patata sobre el fondo de la fuente engrasada.

3 Esparza sobre las patatas un poco de ajo, unas rodajas de cebolla y queso gruyère rallado. Salpimente al gusto.

4 Vaya alternando las capas en este mismo orden y termine con una capa de patatas. Espolvoree con queso.

5 Vierta la nata líquida por encima y cúezalo en el horno precalentado a 180 °C, 1½ horas o hasta que las patatas estén cocidas, doradas y crujientes. Sírvalas inmediatamente.

SUGERENCIA

Existen muchas versiones de esta receta clásica, y todas utilizan nata líquida espesa; por lo tanto, es un acompañamiento o guarnición que llena mucho. Nuestra receta se prepara en una fuente poco profunda para que la superficie quede bien crujiente.

VARIACIÓN

Para una cena ligera, añada una capa de beicon o jamón en dulce picado y sirva el plato con una ensalada verde.

2

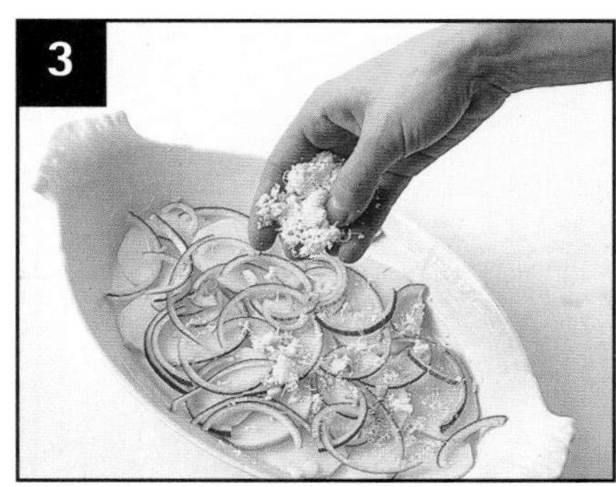
3

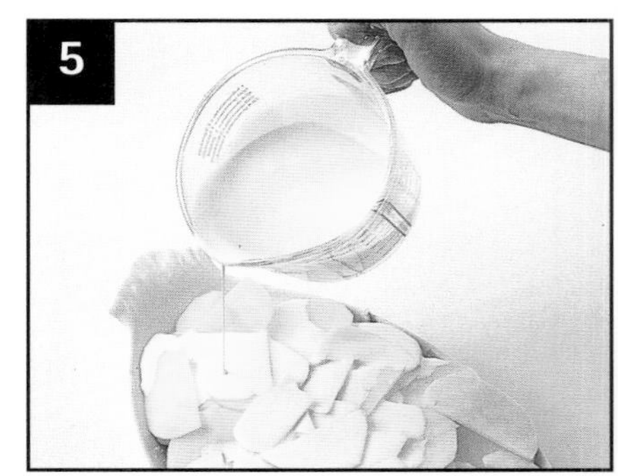
5

Pommes Anna

Este clásico de las patatas se hornea sin necesidad de vigilarlo mientras se prepara el resto de la comida, lo que lo convierte en un acompañamiento estupendo para estofados y platos de elaboración más compleja.

Para 4 personas

INGREDIENTES

60 g de mantequilla derretida
675 g de patatas mantecosas
4 cucharadas de hierbas frescas variadas, picadas
sal y pimienta
hierbas frescas picadas, para decorar

1 Pinte una fuente para el horno poco profunda de 1 litro de capacidad con un poco de mantequilla derretida.

2 Corte las patatas en rodajas muy finas y séquelas con papel de cocina.

3 Cubra la base de la fuente con una capa de rodajas de patata. Píntelas con mantequilla y espolvoree con un cuarto de la mezcla de hierbas. Salpimente al gusto.

4 Siga haciendo capas de patata, mantequilla y hierbas, hasta acabar con todas las rodajas.

5 Pinte la capa superior de patatas con mantequilla, cubra la fuente y déjela durante 1 hora en el horno precalentado a 190 °C.

6 Vuelque las patatas en otra fuente refractaria caliente y acabe de cocerlas en el horno 25-30 minutos o hasta que estén doradas. Sírvalas de inmediato, espolvoreadas con hierbas.

SUGERENCIA

Asegúrese de cortar las patatas bien finas, casi trasparentes, para que se asen bien.

SUGERENCIA

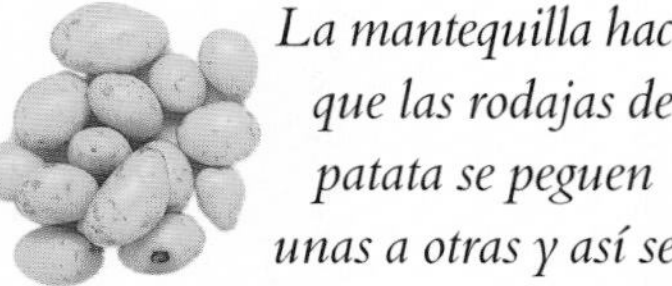

La mantequilla hace que las rodajas de patata se peguen unas a otras y así se le pueda dar la vuelta al plato. Por lo tanto, es importante secar bien las rodajas de patata con papel de cocina antes de colocarlas en la fuente, pues de otro modo la mantequilla no podría actuar.

Patatas con almendras y nata líquida

La cúrcuma aporta un color amarillo pálido a este cremoso plato horneado que despliega un sutil sabor a almendra.

Para 4 personas

INGREDIENTES

2 patatas grandes, sin pelar y cortadas en rodajas
1 cucharada de aceite vegetal
1 cebolla roja partida por la mitad y después en rodajas
1 diente de ajo chafado
50 g de almendras en láminas
1/2 cucharadita de cúrcuma
300 ml de nata líquida espesa
125 g de ruqueta
sal y pimienta

1 Cueza las rodajas de patata en agua hirviendo durante 10 minutos. Escúrralas bien.

2 Caliente el aceite vegetal en una sartén y rehogue la cebolla y el ajo unos 3-4 minutos, removiendo con frecuencia.

3 Añada a la sartén las almendras, la cúrcuma y las patatas y rehogue otros 2-3 minutos, sin dejar de remover. Incorpore la ruqueta.

4 Pase la mezcla de patata y almendras a una fuente para el horno poco profunda. Vierta la nata líquida por encima y salpimente.

5 Cueza las patatas en el horno precalentado a 190 °C durante 20 minutos o hasta que estén totalmente cocidas. Sírvalas como acompañamiento de platos de carne o pescado a la parrilla.

VARIACIÓN

Si no encuentra ruqueta, utilice la misma cantidad de espinacas tiernas con el tallo recortado.

VARIACIÓN

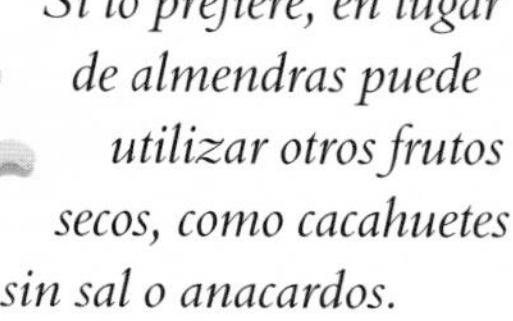

Si lo prefiere, en lugar de almendras puede utilizar otros frutos secos, como cacahuetes sin sal o anacardos.

3

3

4

Patatas estofadas

Este plato a base de patata se guisa en el horno con puerros y vino. Su preparación es rápida y sencilla.

Para 4 personas

INGREDIENTES

675 g de patatas mantecosas, cortadas en trozos grandes
15 g de mantequilla
2 puerros cortados en rodajas
150 ml de vino blanco seco
150 ml de caldo vegetal
1 cucharada de zumo de limón
2 cucharadas de hierbas frescas variadas, picadas
sal y pimienta

PARA DECORAR:
ralladura de limón
hierbas frescas variadas (opcional)

1 Cueza las patatas en agua hirviendo durante 5 minutos. Escúrralas bien.

2 Mientras tanto, derrita la mantequilla en una sartén y saltee el puerro 5 minutos o hasta que se haya ablandado.

3 Extienda las patatas y el puerro sobre la base de una fuente para el horno engrasada.

4 En una salsera, mezcle el vino, el caldo de verduras, el zumo de limón y las hierbas variadas picadas. Salpimente al gusto y después viértalo por encima de las hortalizas.

5 Cueza el plato en el horno precalentado a 190 °C durante 35 minutos o hasta que las patatas estén tiernas.

6 Adorne el estofado de patatas con la ralladura de limón y hierbas frescas, si así lo desea, y sírvalo como acompañamiento de estofados de carne o carnes asadas.

SUGERENCIA

Si el puerro se empieza a dorar por la parte superior, cubra la fuente a media cocción.

Puré crujiente de patata y queso

Ésta es una manera deliciosa de dar un toque especial a un puré de patata: la cobertura de hierbas, mostaza y cebolla se vuelve crujiente al hornearla.

Para 4 personas

INGREDIENTES

900 g de patatas harinosas cortadas en dados
25 g de mantequilla
2 cucharadas de leche
50 g de queso azul o de sabor fuerte, rallado

COBERTURA CRUJIENTE:
40 g de mantequilla
1 cebolla cortada en trozos
1 diente de ajo chafado
1 cucharada de mostaza de grano entero
175 g de pan rallado integral
2 cucharadas de perejil fresco picado
sal y pimienta

1 Cueza las patatas en agua hirviendo durante 10 minutos o hasta que estén bien cocidas.

2 Mientras tanto, prepare la cobertura crujiente. Derrita la mantequilla en una sartén. Añada la cebolla, el ajo y la mostaza y rehogue a fuego suave 5 minutos, hasta que la cebolla se haya ablandado un poco. No deje de remover. Agregue el perejil.

3 Ponga el pan rallado en un cuenco e incorpore la cebolla frita. Salpimente al gusto.

4 Escurra bien las patatas y póngalas en un cuenco grande. Sin esperar a que se enfríen, añada la mantequilla y la leche y haga un puré suave. Incorpore el queso.

5 Ponga el puré de patata en una fuente llana para el horno y espolvoree con la cobertura.

6 Gratínelo en el horno precalentado a 200 °C durante 10-15 minutos, hasta que la cobertura esté dorada y crujiente. Sírvalo de inmediato.

SUGERENCIA

Para que el plato sea todavía más crujiente, añada al puré algunas verduras cocidas, como apio y pimientos, en el paso 4.

2

4

5

Soufflé de patata y zanahoria

Los soufflés *calientes tienen fama de ser difíciles de preparar, pero éste es sencillo y al mismo tiempo espectacular. Sírvalo inmediatamente en cuanto esté listo.*

Para 4 personas

INGREDIENTES

25 g de mantequilla derretida
4 cucharadas de pan rallado integral
675 g de patatas harinosas asadas con la piel
2 zanahorias ralladas
2 huevos, con la clara y la yema separadas
2 cucharadas de zumo de naranja
1/4 de cucharadita de nuez moscada rallada
sal y pimienta
virutas de zanahoria para adornar el plato

1 Pinte con mantequilla el interior de una tarrina para *soufflés* de 900 ml de capacidad. Espolvoree tres cuartas partes del pan rallado por la base y los lados.

2 Corte las patatas asadas por la mitad y ponga la pulpa en un cuenco grande.

3 Añada la zanahoria, las yemas de huevo, el zumo de naranja y la nuez moscada. Salpimente al gusto.

4 En otro cuenco, bata las claras a punto de nieve. Con una cuchara metálica, incorpórelas con cuidado a la masa de patata; mezcle bien.

5 Pase con suavidad la mezcla de patata y zanahoria al molde para *soufflé*. Espolvoree el resto de pan rallado por encima.

6 Cueza el *soufflé* en el horno precalentado a 200 °C durante 40 minutos, hasta que suba y esté dorado. No abra la puerta del horno durante la cocción, pues el *soufflé* se hundiría. Sírvalo de inmediato, adornado con las virutas de zanahoria.

SUGERENCIA

Para hornear las patatas, pinche la piel y áselas en el horno precalentado a 190 °C durante aproximadamente 1 hora.

1

2

3

Patatas al vapor en papillote

Las patatas nuevas tienen el tamaño adecuado para este tipo de cocción. Las patatas y las verduras se envuelven en papel vegetal, se sellan y se cuecen al vapor dentro del horno.

Para 4 personas

INGREDIENTES

16 patatas nuevas pequeñas
1 zanahoria cortada en juliana fina
1 bulbo de hinojo cortado en rodajas
75 g de judías verdes francesas
1 pimiento amarillo cortado en tiras
16 cucharadas de vino blanco seco
4 ramitas de romero
sal y pimienta
ramitas de romero, para decorar

1 Recorte 4 cuadrados de papel de hornear de unos 25 cm.

2 Reparta las verduras entre los 4 cuadrados de papel y colóquelas en el centro.

3 Junte los bordes del papel y haga un hatillo para contener las verduras, dejando la parte superior abierta.

4 Coloque los hatillos en una bandeja para el horno poco profunda y ponga 4 cucharadas de vino blanco en cada uno. Añada una ramita de romero y salpimente al gusto.

5 Doble la parte superior del papel para cerrarlo. Deje los hatillos en el horno precalentado a 190 °C durante 30-35 minutos, o hasta que las verduras estén tiernas.

6 Presente los hatillos en los platos individuales, adornados con las ramitas de romero. Los hatillos se abren en la mesa para poder apreciar todo el aroma de las verduras.

SUGERENCIA

Si lo prefiere, también puede preparar este plato en una vaporera.

VARIACIÓN

Si no encuentra patatas nuevas pequeñas, utilice otras más grandes partidas por la mitad o en cuartos; así se asegurará de que quedan tiernas en el tiempo de cocción especificado.

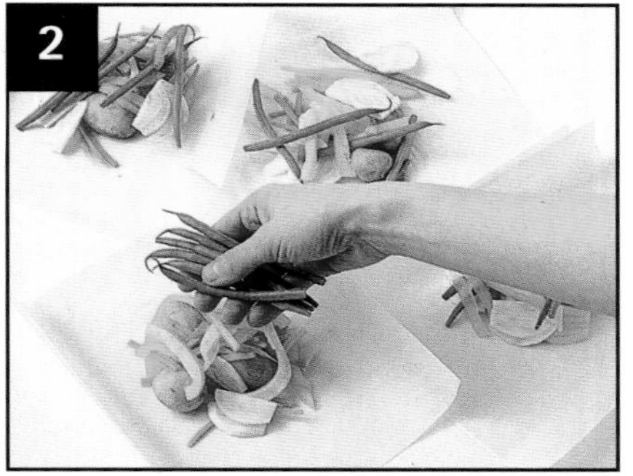
2

3

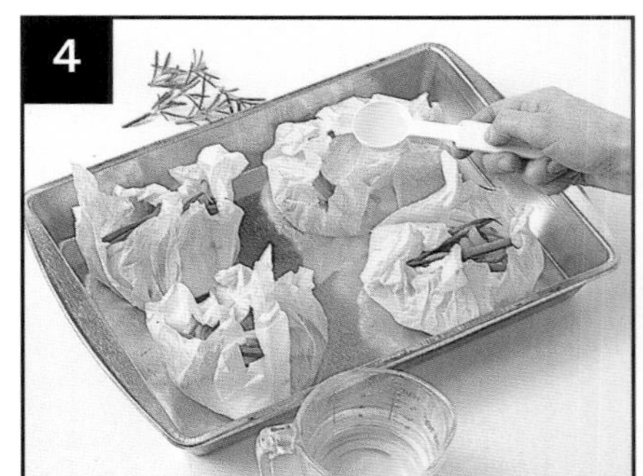
4

Platos principales

Este capítulo comprende una amplia selección de deliciosos platos principales, más sustanciosos que los del apartado de tentempiés y comidas ligeras y que generalmente requieren una mayor elaboración y una cocción más prolongada. La patata es el ingrediente principal de la mayoría de las recetas de este capítulo, pero también se incluyen la carne roja o blanca, el pescado y productos vegetarianos; así todo el mundo encontrará el plato de su agrado.

Las recetas provienen de distintos países; pruebe los raviolis de patata, la kofta *de patata y cordero, los huevos al plato con patatas o el curry de patata. También podrá escoger entre montones de suculentos platos para satisfacer cualquier apetito, como el estofado cremoso de patata y pollo, el horneado de patata a los cuatro quesos y el gratinado de patata y berenjena. Sea para una sola persona, para la familia o para un montón de invitados, seguro que aquí encontrará la receta ideal.*

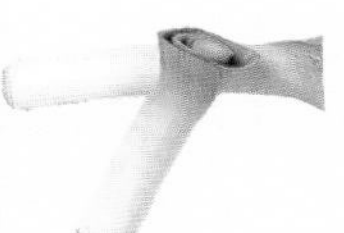

Estofado de patata, carne y cacahuetes

La salsa picante de cacahuete de esta receta combina con prácticamente cualquier tipo de carne; aunque en este caso se ha utilizado la de buey, queda también deliciosa con pollo o carne de cerdo.

Para 4 personas

INGREDIENTES

1 cucharada de aceite vegetal
60 g de mantequilla
450 g de carne magra de buey, cortada en tiras finas
1 cebolla cortada en rodajas
2 dientes de ajo chafados
2 patatas mantecosas grandes cortadas en dados
1/2 cucharadita de pimentón picante
4 cucharadas de crema de cacahuete crujiente
600 ml de caldo de carne
25 g de cacahuetes sin sal
2 cucharaditas de salsa de soja clara
50 g de guisantes de olor
1 pimiento rojo cortado en tiras
ramitas de perejil para adornar (opcional)

1 Caliente el aceite y la mantequilla en una cazuela.

2 Rehogue la carne a fuego suave 3-4 minutos, dándole la vuelta y removiendo hasta que se dore ligeramente.

3 Añada la cebolla y el ajo y rehogue otros 2 minutos, sin dejar de remover.

4 Incorpore los dados de patata y siga sofriendo 3-4 minutos o hasta que empiecen a dorarse.

5 Agregue el pimentón y la crema de cacahuete y después, poco a poco, el caldo de carne. Llévelo a ebullición, removiendo.

6 Por último añada los cacahuetes, la salsa de soja, los guisantes y el pimiento rojo.

7 Tápelo y cuézalo a fuego lento durante 45 minutos o hasta que la carne esté bien cocida.

8 Si lo desea, sirva el plato decorado con perejil.

SUGERENCIA

Sirva este plato con arroz blanco o fideos, si lo desea.

VARIACIÓN

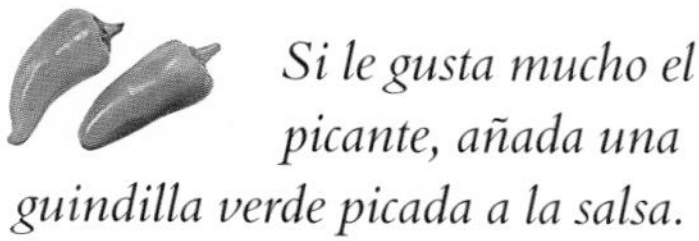

Si le gusta mucho el picante, añada una guindilla verde picada a la salsa.

2

5

6

Raviolis de patata

En esta receta la masa para la pasta está hecha con patata en lugar de la tradicional harina. Los raviolis van rellenos con una suculenta salsa boloñesa y se fríen en la sartén.

Para 4 personas

INGREDIENTES

RELLENO:
1 cucharada de aceite vegetal
125 g de carne de buey picada
1 chalote cortado en dados
1 diente de ajo chafado
1 cucharada de harina
1 cucharada de pasta de tomate
150 ml de caldo de carne
1 tallo de apio picado
2 tomates, pelados y cortados en dados
2 cucharaditas de albahaca fresca picada
sal y pimienta

RAVIOLIS:
450 g de patatas cortadas en dados
3 yemas de huevo pequeñas
3 cucharadas de aceite de oliva
175 g de harina
60 g de mantequilla para freír
hojas de albahaca cortadas en tiras, para adornar

1 Para el relleno, caliente el aceite en una sartén y fría la carne 3-4 minutos, deshaciéndola con una cuchara. Añada el chalote y el ajo y fría otros 2-3 minutos, hasta que el chalote se ablande.

2 Incorpore la harina y la pasta de tomate y rehogue 1 minuto más. Agregue el caldo de carne, el apio, el tomate y la albahaca fresca picada. Salpimente al gusto.

3 Cuézalo a fuego suave durante 20 minutos. Retírelo del fuego y deje que se enfríe.

4 Para los raviolis, hierva las patatas en agua 10 minutos, hasta que estén cocidas.

5 Haga un puré con las patatas y colóquelo en un cuenco grande. Añada las yemas de huevo y el aceite. Salpimente, incorpore la harina y forme una masa.

6 Sobre una superficie enharinada, divida la masa en 24 trozos y forme redondeles planos. Deposite el relleno sobre una mitad de cada redondel y doble la otra por encima, presionando para sellar los bordes.

7 Derrita la mantequilla en una sartén y fría los raviolis 6-8 minutos, dándoles la vuelta una vez, hasta que se doren. Sírvalos calientes, adornados con albahaca.

6

6

7

Ternera a la italiana

Este plato queda realmente estupendo si se prepara con carne de ternera bien tierna. No obstante, si no dispone de ella, puede utilizar escalopes de cerdo o de pavo.

Para 4 personas

INGREDIENTES

60 g de mantequilla
1 cucharada de aceite de oliva
675 g de patatas cortadas en dados
4 escalopes de ternera, de unos 175 g cada uno
1 cebolla cortada en 8 trozos
2 dientes de ajo chafados
2 cucharadas de harina
2 cucharadas de pasta de tomate
150 ml de vino tinto
300 ml de caldo de pollo
8 tomates maduros, pelados, despepitados y cortados en dados
25 g de aceitunas negras deshuesadas, partidas por la mitad
2 cucharadas de albahaca fresca
sal y pimienta
hojas de albahaca fresca, para decorar

1 Caliente la mantequilla y el aceite en una sartén grande. Fría las patatas durante 5-7 minutos, removiendo a menudo, hasta que empiecen a dorarse.

2 Retire las patatas de la sartén con una espumadera y resérvelas.

3 Fría la carne en la sartén unos 2-3 minutos por cada lado, hasta que esté sellada. Retírela de la sartén y resérvela.

4 Rehogue entonces en la sartén la cebolla y el ajo, durante unos 2-3 minutos.

5 Añada la harina y la pasta de tomate y rehogue 1 minuto. Sin dejar de remover, vierta poco a poco el vino y el caldo de pollo, hasta obtener una salsa suave.

6 Vuelva a colocar las patatas y la carne en la sartén; después los tomates, las aceitunas y la albahaca picada. Sazone con sal y pimienta.

7 Pase el guiso a una fuente para el horno y cuézalo 1 hora en el horno precalentado a 180 °C, o hasta que las patatas y la carne estén bien cocidas. Adorne con las hojas de albahaca y sirva.

SUGERENCIA

Para que la carne se cueza más rápido y quede muy tierna, golpee los escalopes con una maza de cocina antes de iniciar la cocción.

Estofado de cordero

Ningún libro de recetas de patata estaría completo sin este típico plato compuesto por chuletas de cordero, patatas, riñones, cebolla y hierbas.

Para 4 personas

INGREDIENTES

675 g de chuletas de cordero
2 riñones de cordero
675 g de patatas mantecosas, limpias y cortadas en rodajitas
1 cebolla grande cortada en rodajas finas
2 cucharadas de tomillo fresco picado
150 ml de caldo de cordero
25 g de mantequilla derretida
sal y pimienta
ramitas de tomillo fresco, para decorar

1 Retire el exceso de grasa de la carne. Elimine la piel y la parte central de los riñones y córtelos en rodajas.

2 Extienda una capa de patatas en una fuente para el horno de 1,8 litros de capacidad.

3 Disponga las chuletas de cordero sobre las patatas y cúbralas con las rodajas de riñón, de cebolla y el tomillo fresco picado.

4 Vierta el caldo sobre la carne y salpimente al gusto.

5 Coloque el resto de las rodajas de patata encima, para que la carne y la cebolla queden cubiertas en su totalidad.

6 Pinte las patatas con mantequilla, cubra la fuente y cuézalo en el horno precalentado a 180 °C durante $1^1/_2$ horas.

7 Retire la tapa y deje cuézalo otros 30 minutos, hasta que las patatas estén doradas.

8 Adorne con el tomillo fresco y sirva el estofado caliente.

SUGERENCIA

Aunque se trata de una receta clásica, puede añadir otros ingredientes de su elección, como apio o zanahoria, para variar un poco el sabor y el color.

VARIACIÓN

Tradicionalmente este suculento estofado también lleva ostras. Si lo desea, puede incorporarlas junto con los riñones.

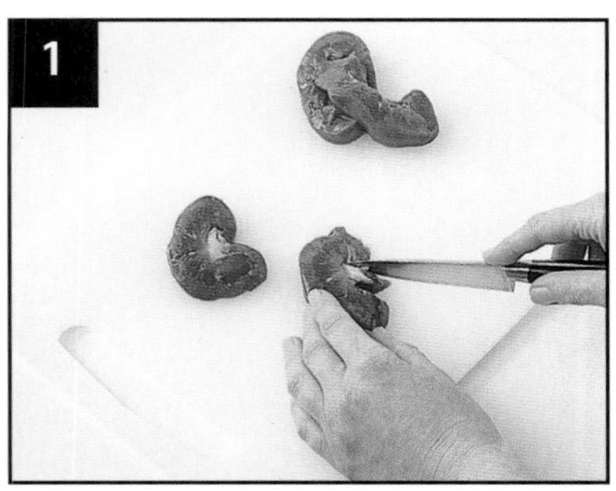
1

2

5

Kofta de patata y cordero

La kofta *es un plato griego que tradicionalmente se sirve en brocheta. En este caso se sirve en un plato, acompañada con una refrescante salsa* tzatziki.

Para 4 personas

INGREDIENTES

450 g de patatas harinosas cortadas en dados
25 g de mantequilla
225 g de carne de cordero picada
1 cebolla picada

2 dientes de ajo chafados
1/2 cucharadita de cilantro picado
2 huevos batidos
sal y pimienta
aceite para freír
ramitas de menta, para decorar

SALSA:
150 ml de yogur natural
50 g de pepino finamente picado
1 cucharada de menta picada
1 diente de ajo chafado

1 Cueza las patatas en agua hirviendo 10 minutos, o hasta que estén tiernas. Escúrralas, haga un puré fino y páselo a un cuenco grande.

2 Derrita la mantequilla en una sartén, añada el cordero, la cebolla, el ajo y el cilantro y fríalo 15 minutos, removiendo.

3 Escurra el líquido de la sartén e incorpore la mezcla de carne en el puré de patatas. Agregue el huevo y salpimente.

4 Para la salsa, mezcle en un cuenco el yogur con el pepino, la menta y el ajo; reserve.

5 Caliente el aceite en una cazuela grande o freidora a 180-190 °C o hasta que un dado de pan se dore en 30 segundos. Deje caer cucharadas de puré de patata con carne en el aceite caliente y fríalas, en tandas, 4-5 minutos o hasta que estén doradas.

6 Retire las bolas de *kofta* con una espumadera, escúrralas bien sobre papel de cocina, resérvelas y manténgalas calientes. Adorne el plato con ramitas de menta fresca y sírvalo con la salsa.

SUGERENCIA

Esta kofta *se puede preparar con cualquier tipo de carne picada, como pavo, pollo o cerdo, y sazonar con las hierbas frescas más adecuadas, por ejemplo salvia o cilantro.*

2

4

6

Huevos al plato con patatas

He aquí una adaptación de los clásicos huevos al plato españoles. En esta receta se cuecen sobre una mezcla preparada a base de chorizo, tomate y patatas.

Para 4 personas

INGREDIENTES

675 g de patatas mantecosas cortadas en dados
3 cucharadas de aceite de oliva
1 cebolla partida por la mitad y después en rodajas
2 dientes de ajo chafados
1 lata de 400 g de tomates pera, picados
75 g de chorizo en rodajas
1 pimiento verde cortado en tiras
1/2 cucharadita de pimentón
25 g de aceitunas negras deshuesadas y partidas por la mitad
8 huevos
1 cucharada de perejil fresco picado
sal y pimienta

1 Cueza las patatas en agua hirviendo durante 10 minutos o hasta que se ablanden. Escúrralas y resérvelas.

2 Caliente el aceite de oliva en una sartén grande y fría la cebolla y el ajo a fuego moderado unos 2-3 minutos, hasta que la cebolla se ablande.

3 Añada el tomate de lata y cueza la mezcla a fuego suave 10 minutos, hasta que se evapore un poco el jugo. Sazone.

4 Incorpore las patatas, junto con el chorizo, el pimiento, el pimentón y las aceitunas. Cuézalo unos 5 minutos, removiendo. Pase el guiso a una fuente para el horno.

5 Forme 8 hoyos pequeños en la superficie y rompa un huevo en cada hueco. Salpimente.

6 Cuézalo en el horno precalentado a 225 °C durante 5-6 minutos o hasta que los huevos cuajen. Espolvoree con perejil y sírvalo con pan crujiente.

VARIACIÓN

Si desea dar al plato un toque picante añada 1 cucharadita de guindilla molida en el paso 4.

Pizza de patata y chorizo

Con las patatas se puede elaborar una excelente base de pizza, y merece la pena intentarlo en lugar de comprar una base ya preparada, tanto por la textura como por el sabor.

Para 1 pizza grande

INGREDIENTES

900 g de patatas harinosas cortadas en dados
15 g de mantequilla
2 dientes de ajo chafados
2 cucharadas de hierbas frescas picadas
1 huevo batido
85 ml de *passata*
2 cucharadas de pasta de tomate
50 g de chorizo cortado en rodajas
1 pimiento verde cortado en tiras
1 pimiento amarillo cortado en tiras
2 champiñones grandes cortados en láminas
25 g de aceitunas negras deshuesadas y cortadas en cuartos
125 g de queso mozzarella cortado en lonchas

1 Engrase una base metálica para pizza de 23 cm de diámetro y espolvoree con harina.

2 Cueza las patatas en agua hirviendo 10 minutos o hasta que estén tiernas. Escúrralas y haga un puré suave. Añada la mantequilla, el ajo, las hierbas y el huevo.

3 Extienda la masa sobre la base para pizza. Cuézala en el horno precalentado a 225 °C durante 7-10 minutos o hasta que empiece a cuajar.

4 Mezcle la *passata* (preparación italiana de tomate triturado) con la pasta de tomate y extiéndalo sobre la base de patata, dejando un reborde libre de 1 cm.

5 Coloque el pimiento, los champiñones, el chorizo y las aceitunas sobre la capa de tomate.

6 Reparta la mozzarella por encima. Hornee la pizza unos 20 minutos o hasta que la base esté bien cocida y el queso se haya fundido. Sírvala caliente, con una ensalada mixta.

SUGERENCIA

Esta base de pizza tiene una textura más blanda que la normal y se recomienda servirla sin sacarla del molde. Recubra la base con los ingredientes que tenga a mano.

3

4

6

Sartenada de patata y salchichas

Este plato constituye una comida completa, ya que lleva carne y patatas cocinadas en una salsa a base de vino y hierbas. Si lo desea, puede acompañarlo con una selección de verduras frescas.

Para 4 personas

INGREDIENTES

675 g de patatas mantecosas cortadas en dados
25 g de mantequilla
8 salchichas a las hierbas, grandes
4 lonchas de beicon ahumado
1 cebolla cortada en cuartos
1 calabacín cortado en rodajas
150 ml de vino blanco seco
300 ml de caldo vegetal
1 cucharadita de salsa Worcestershire
2 cucharadas de hierbas frescas variadas
sal y pimienta
hierbas frescas picadas, para decorar

1 Cueza las patatas en agua hirviendo 10 minutos o hasta que se ablanden. Escúrralas bien y resérvelas.

2 Mientras tanto, derrita la mantequilla en una sartén grande y fría durante 5 minutos las salchichas a las hierbas, dándoles la vuelta a menudo para que se doren por todos los lados.

3 Incorpore las lonchas de beicon, la cebolla, el calabacín y las patatas. Rehogue unos 10 minutos más, removiendo y dando la vuelta a las salchichas con frecuencia.

4 Agregue el vino blanco, el caldo, la salsa Worcestershire y las hierbas variadas. Salpimente al gusto y cuézalo a fuego suave durante 10 minutos. Si es necesario, rectifique de sal y pimienta.

5 Reparta el guiso entre los platos calientes, adórnelo con las hierbas frescas picadas y sírvalo inmediatamente, muy caliente.

SUGERENCIA

Para variar, utilice salchichas de distinto sabor; existen muchas variedades diferentes, como las de puerro o mostaza.

VARIACIÓN

Para que el color sea más atractivo, sustituya la cebolla blanca por una roja.

Sartenada de patata, tomate y salchichas

Esta sencilla preparación resulta deliciosa como plato fuerte. Escoja salchichas con hierbas o bien alguna de sabor diferente, como mostaza o puerro.

Para 4 personas

INGREDIENTES

2 patatas grandes cortadas en rodajas
1 cucharada de aceite vegetal
8 salchichas sazonadas
1 cebolla roja cortada en 8 trozos
1 cucharada de pasta de tomate
150 ml de vino tinto
150 ml de *passata* (preparación italiana de tomate triturado)
2 tomates grandes cortados en 8 trozos
175 de ramitos de brécol, escaldados
2 cucharadas de albahaca fresca picada
sal y pimienta
albahaca fresca cortada en tiras, para decorar

1 Cueza las patatas en una cazuela con agua hirviendo durante 7 minutos. Escúrralas bien y resérvelas.

2 Mientras tanto, caliente el aceite en una sartén grande. Incorpore las salchichas y fríalas durante 5 minutos, dándoles la vuelta con frecuencia para que se doren por todos los lados.

3 Añada los trozos de cebolla y siga friendo otros 5 minutos más; vaya removiendo con frecuencia.

4 Agregue la *passata* y la pasta de tomate, así como el vino, y mezcle bien. A continuación, añada el tomate fresco, el brécol y la albahaca picada y mézclelo todo con cuidado.

5 Incorpore las rodajas de patata sancochadas a la sartén. Rehogue otros 10 minutos o hasta que las salchichas estén totalmente cocidas. Salpimente al gusto.

6 Decore la sartenada con tiras de albahaca fresca y sírvala bien caliente.

VARIACIÓN

El brécol queda muy bien en este plato porque le da un toque de color, pero también puede utilizar otras verduras, si así lo desea.

SUGERENCIA

En lugar de passata, *puede utilizar tomates pera de lata picados, tomate triturado de lata o tomate natural picado.*

Pastelitos de patata, pollo y plátano

Los pastelitos de patata, que se suelen servir como guarnición, gustan a todo el mundo. En esta receta se elaboran con una mezcla de patata, pollo y plátano para obtener un plato principal de sabor afrutado.

Para 4 personas

INGREDIENTES

450 g de patatas harinosas cortadas en dados
225 g de carne de pollo picada
1 plátano grande
2 cucharadas de harina
1 cucharadita de zumo de limón
1 cebolla finamente picada
2 cucharadas de salvia fresca picada
25 g de mantequilla
2 cucharadas de aceite vegetal
150 ml de nata líquida
150 ml de caldo de pollo
sal y pimienta
hojas de salvia fresca, para decorar

1 Cueza las patatas en agua hirviendo 10 minutos, hasta que estén bien tiernas. Escúrralas y haga un puré suave. Incorpore el pollo.

2 Triture el plátano y agréguelo también, junto con la harina, el zumo de limón, la cebolla y la mitad de la salvia picada. Salpimente y mezcle bien.

3 Divida la masa en 8 porciones iguales. Con las manos ligeramente enharinadas, forme otras tantas tortas gruesas.

4 Caliente la mantequilla y el aceite en una sartén y fría los pastelitos durante 12-15 minutos o hasta que estén hechos, dándoles la vuelta una vez. Al retirarlos de la sartén, manténgalos calientes.

5 Vierta la nata líquida y el caldo en la sartén y añada el resto de la salvia. Déjelo hacerse a fuego suave durante 2-3 minutos.

6 Disponga los pastelitos de patata en una fuente, adorne con las hojas de salvia fresca y sírvalos con la salsa cremosa.

SUGERENCIA

No deje que la salsa llegue a hervir, pues se formarían grumos. Deje que se haga lentamente, a fuego muy suave.

2

3

4

Estofado cremoso de pollo y patata

Las patatas nuevas pequeñas son ideales para esta receta, pues se pueden cocer enteras. Si utiliza patatas más grandes, córtelas por la mitad o en trozos antes de incorporarlas en el guiso.

Para 4 personas

INGREDIENTES

2 cucharadas de aceite vegetal
60 g de mantequilla
4 porciones de pollo, de unos 225 g cada una
2 puerros cortados en rodajas
1 diente de ajo chafado
4 cucharadas de harina
900 ml de caldo de pollo
300 ml de vino blanco seco
125 g de zanahorias tiernas, cortadas por la mitad a lo largo
125 g de mazorquitas de maíz, cortadas por la mitad a lo largo
450 g de patatas nuevas pequeñas
1 ramillete de hierbas
150 ml de nata líquida espesa
sal y pimienta

1 Caliente el aceite y la mantequilla en una sartén grande. Incorpore el pollo y fríalo durante 10 minutos, dándole la vuelta hasta que esté dorado por todos los lados. Con una espumadera, páselo a una cazuela .

2 Rehogue el puerro y el ajo en la sartén unos 2-3 minutos, removiendo. Añada la harina y rehogue 1 minuto más. Retire la sartén del fuego y añada el caldo y el vino. Salpimente bien.

3 Vuelva a colocar la sartén al fuego y lleve el caldo a ebullición. Incorpore las zanahorias, las mazorquitas, las patatas y el ramillete de hierbas.

4 Vierta la preparación en la cazuela. Tápela y cueza el estofado en el horno precalentado a 180 °C durante 1 hora aproximadamente.

5 Retire la cazuela del horno y añada la nata líquida. Cuézalo en el horno, sin tapar, 15 minutos más. Retire el ramillete de hierbas. Pruebe y rectifique de sal si es necesario. Sirva el estofado con arroz blanco o verduras frescas, como por ejemplo brécol.

SUGERENCIA

Si lo prefiere, utilice filetes de pavo en lugar de pollo, y varíe el tipo de verduras según las que tenga más a mano.

1

3

5

Bacalao con cobertura de patata

Este sencillo plato lleva una cobertura picante de pan rallado sobre capas de bacalao y patata y se cuece en el horno hasta que está dorado y crujiente.

Para 4 personas

INGREDIENTES

60 g de mantequilla
4 patatas mantecosas cortadas en rodajas
1 cebolla grande finamente picada
1 cucharadita de mostaza de grano entero
1 cucharadita de *garam masala*
1 pizca de guindilla molida
1 cucharada de eneldo fresco picado
75 g de pan rallado
4 filetes de bacalao fresco, de unos 175 g cada uno
50 g de queso gruyère rallado
sal y pimienta
ramitas de eneldo fresco, para decorar

1 Derrita la mitad de la mantequilla en una sartén y fría las patatas durante 5 minutos, dándoles la vuelta hasta que estén bien doradas. Retírelas de la sartén con una espumadera.

2 Ponga el resto de la mantequilla en la sartén y rehogue la cebolla, la mostaza, la *garam masala*, la guindilla molida, el eneldo picado y el pan rallado 1-2 minutos, mezclando bien.

3 Extienda la mitad de las patatas sobre la base de una fuente para el horno y coloque los filetes de bacalao encima. Cubra el bacalao con el resto de las patatas. Salpimente al gusto.

4 Disponga la mezcla picante de pan rallado sobre las patatas y espolvoree con el queso rallado.

5 Áselo en el horno precalentado a 200 °C durante unos 20-25 minutos o hasta que la cobertura esté dorada y crujiente y el pescado bien cocido. Luego, adorne con las ramitas de eneldo fresco y sirva inmediatamente.

VARIACIÓN

Se puede utilizar cualquier otro pescado; para una ocasión especial, use rodajas o filetes de salmón.

SUGERENCIA

Este plato es ideal acompañado con verduras, que se pueden asar en el horno al mismo tiempo.

2

3

4

Curry de patatas

En la India se come muy poca carne, pues la dieta es básicamente vegetariana. Este curry de patatas con verduras constituye un sustancioso plato principal.

Para 4 personas

INGREDIENTES

4 cucharadas de aceite vegetal
675 g de patatas mantecosas cortadas en trozos grandes
2 cebollas cortadas en cuartos
3 dientes de ajo chafados
1 cucharadita de *garam masala*
1/2 cucharadita de cúrcuma
1/2 cucharadita de comino molido
1/2 cucharadita de cilantro molido
1 trozo de jengibre de 2,5 cm, rallado
1 guindilla roja picada
225 g de ramitos de coliflor
75 g de guisantes congelados
4 tomates, pelados y cortados en cuartos
2 cucharadas de cilantro fresco picado
300 ml de caldo vegetal
cilantro fresco picado, para decorar

1 Caliente el aceite vegetal en una cazuela o sartén de base gruesa. Añada los trozos de patata, la cebolla y el ajo y fríalo a fuego suave durante 2-3 minutos, removiendo con frecuencia.

2 Añada la *garam masala*, la cúrcuma, el comino y el cilantro molidos, el jengibre rallado y la guindilla picada, mezclando bien las especias con las verduras. Rehogue 1 minuto, sin dejar de remover.

3 Incorpore la coliflor, el tomate, los guisantes, el cilantro picado y el caldo de verduras.

4 Cueza el curry de patata a fuego suave 30-40 minutos o hasta que las patatas estén bien tiernas.

5 Adorne el curry con el cilantro fresco y sírvalo con arroz blanco o con pan indio caliente.

SUGERENCIA

Conviene utilizar una cacerola o sartén de base gruesa para asegurarse de que las patatas quedan totalmente cocidas.

Ñoquis de patata y espinacas

Estas bolitas de patata aderezadas con espinacas, cocidas en agua hirviendo y servidas con una sencilla salsa de tomate constituyen una apetitosa comida.

Para 4 personas

INGREDIENTES

300 g de patatas harinosas cortadas en dados
175 g de espinacas
1 yema de huevo
1 cucharadita de aceite de oliva
125 g de harina
sal y pimienta
hojas de espinaca, para decorar

SALSA:
1 cucharada de aceite de oliva
2 chalotes picados
1 diente de ajo chafado
300 ml de *passata* (preparación italiana de tomate triturado)
2 cucharaditas de azúcar moreno fino

1 Cueza las patatas en agua hirviendo durante 10 minutos o hasta que estén bien tiernas. Escúrralas y haga un puré.

2 Mientras tanto, escalde las espinacas con un poco de agua hirviendo 1-2 minutos. Escúrralas bien y córtelas en tiras.

3 Coloque el puré de patata sobre una tabla de cortar ligeramente enharinada y forme un hoyo en el centro. Agregue la yema de huevo, el aceite de oliva, las espinacas y un poco de harina y mezcle con rapidez; salpimente y añada la harina gradualmente, hasta obtener una masa firme. Divídala en bolitas muy pequeñas.

4 Cueza los ñoquis en tandas en abundante agua hirviendo con sal durante 5 minutos o hasta que suban a la superficie.

5 Mientras tanto, prepare la salsa. Ponga el aceite, los chalotes, el ajo, la *passata* y el azúcar en una cazuela y cuézalo a fuego suave 10-15 minutos o hasta que la salsa se espese. Salpimente.

6 Escurra los ñoquis con una espumadera y repártalos entre los platos calientes. Vierta la salsa por encima de los ñoquis y adorne con hojas de espinaca frescas.

VARIACIÓN

Si lo desea, en lugar de espinacas, puede utilizar hierbas frescas picadas y queso.

Verduras al vino con cobertura de patata

Este plato resulta muy atractivo y nutritivo, pues está repleto de crujientes verduras cocidas en una salsa de vino. Se puede hornear en un recipiente grande o repartido en cuatro individuales.

Para 4 personas

INGREDIENTES

1 zanahoria cortada en dados
175 g de ramitos de coliflor
175 g de ramitos de brécol
1 bulbo de hinojo cortado en rodajas
75 g de judías verdes partidas por la mitad
25 g de mantequilla
25 g de harina
150 ml de caldo vegetal
150 ml de vino blanco seco
150 ml de leche
2 cucharadas de salvia fresca picada
175 g de champiñones cortados en cuartos

COBERTURA:
4 patatas harinosas cortadas en dados
25 g de mantequilla
4 cucharadas de yogur natural
4 cucharadas de queso parmesano rallado
1 cucharadita de semillas de hinojo
sal y pimienta

1 Cueza la zanahoria, la coliflor, el brécol, el hinojo y las judías en agua hirviendo durante unos 10 minutos. Escurra bien las verduras y resérvelas.

2 Derrita la mantequilla en una cazuela y fría la harina 1 minuto; retírela del fuego. Vierta el caldo, el vino y la leche y llévelo a ebullición, removiendo, hasta que se espese. Incorpore la salvia, las verduras y los champiñones.

3 Mientras tanto, prepare la cobertura. Cueza las patatas en agua hirviendo durante 10-15 minutos o hasta que estén bien tiernas. Escúrralas y haga un puré con la mantequilla, el yogur y la mitad del queso. Añada las semillas de hinojo.

4 Ponga las verduras en una fuente para el horno de 1 litro de capacidad. Recúbralas con el puré de patata. Espolvoree el resto de queso por encima. Cuézalo en el horno precalentado a 190 °C durante 30-35 minutos o hasta que la cobertura se dore. Sírvalo caliente.

SUGERENCIA

Este plato se puede preparar con cualquier combinación de verduras, incluso congeladas, lo que permite ganar tiempo.

1

2

4

Soufflé de patata a los tres quesos

Este soufflé *es muy sencillo de preparar, resulta exquisito y se funde en la boca. Puede escoger los tres quesos que prefiera, pero procure que todos sean de sabor fuerte.*

Para 4 personas

INGREDIENTES

25 g de mantequilla
2 cucharaditas de harina
900 g de patatas harinosas
8 huevos, con la yema separada de la clara
25 g de queso gruyère rallado
25 g de queso azul desmenuzado
25 g de cualquier queso de sabor fuerte, rallado
sal y pimienta

1 Engrase con la mantequilla un molde especial para *soufflé* de 2,4 litros de capacidad y espolvoréelo con harina. Reserve.

2 Cueza las patatas en agua hirviendo hasta que estén bien tiernas. Haga un puré suave y páselo a un cuenco grande para que se enfríe.

3 Mezcle las yemas de huevo con el puré e incorpore los 3 tipos de queso. Salpimente bien.

4 En un cuenco limpio, bata las claras a punto de nieve e incorpórelas con cuidado al puré, con una cuchara metálica, hasta que todo esté bien mezclado.

5 Pase la mezcla al molde para *soufflé* preparado.

6 Cueza el *soufflé* en el horno precalentado a 220 °C durante 35-40 minutos, hasta que suba y cuaje. Sírvalo de inmediato.

SUGERENCIA

Para saber si el soufflé *está cocido, inserte un pincho de cocina en el centro: si sale limpio es que ya está listo.*

VARIACIÓN

Si lo desea, para darle más sabor, puede añadir al soufflé *beicon frito picado.*

1

3

4

Tronco de patata y cacahuete

Este tronco vegetariano es tan delicioso que hará las delicias de todos los comensales. Aderezado con una original salsa de tomate, se puede servir frío o caliente con una ensalada.

Para 4 personas

INGREDIENTES

450 g de patatas harinosas cortadas en dados
25 g de mantequilla
1 cebolla picada
2 dientes de ajo chafados
125 g de cacahuetes sin sal
75 g de pan rallado blanco
1 huevo batido
2 cucharadas de cilantro fresco picado
150 ml de caldo vegetal
75 g de champiñones cortados en láminas
50 g de tomates secados al sol cortados en tiras
sal y pimienta

SALSA:
150 ml de nata fresca espesa
2 cucharaditas de pasta de tomate
2 cucharaditas de miel
2 cucharadas de cilantro fresco picado

1 Engrase un molde metálico de 450 g de capacidad. Hierva las patatas en agua 10 minutos, hasta que estén tiernas. Escúrralas bien, haga un puré y resérvelo.

2 Derrita la mitad de la mantequilla en una sartén y fría a fuego suave la cebolla y el ajo 2-3 minutos. Pique los cacahuetes bien finos, a mano o en una picadora durante 30 segundos, junto con el pan rallado.

3 Mezcle el pan rallado con cacahuete con el puré, el huevo, el cilantro y el caldo vegetal. Añada el sofrito de cebolla y ajo y mézclelo todo bien.

4 Derrita el resto de la mantequilla en la sartén y rehogue los champiñones durante 2-3 minutos.

5 Presione la mitad de la mezcla de patata sobre la base del molde. Coloque los champiñones encima y después las tiras de tomate. Extienda el resto del puré por encima y alise la superficie. Cubra el tronco con papel de aluminio y cuézalo 1 hora en el horno precalentado a 190 °C, o hasta que esté firme al tacto.

6 Mientras tanto, mezcle los ingredientes de la salsa. Corte el tronco en rodajas y sírvalo con la salsa.

3

5

5

Pastel de verduras

Ésta es una versión salada del pastel de queso, con una capa de patatas fritas como deliciosa base. Si lo desea, puede elaborar el plato con verduras variadas congeladas.

Para 4 personas

INGREDIENTES

RELLENO:
1 cucharada de aceite vegetal
1 puerro picado
1 calabacín rallado
1 pimiento rojo cortado en dados
1 pimiento verde cortado en dados
1 zanahoria rallada
2 cucharaditas de perejil picado
225 g de queso fresco cremoso
25 g de queso de sabor fuerte, rallado
2 huevos batidos
sal y pimienta

BASE:
2 cucharadas de aceite vegetal
4 patatas mantecosas grandes, cortadas en rodajas finas
puerro rehogado cortado en tiras, para adornar

1 Engrase un molde de 20 cm de diámetro desmontable.

2 Para la base, caliente el aceite en una sartén y fría las rodajas de patata en tandas a fuego moderado hasta que estén tiernas y doradas. Escúrralas bien sobre papel de cocina y dispóngalas sobre la base del molde.

3 Para el relleno, caliente el aceite en otra sartén y fría el puerro a fuego suave durante 3-4 minutos, hasta que se ablande.

4 Añada el calabacín, el pimiento, la zanahoria y el perejil y fríalo a fuego suave durante 5-7 minutos o hasta que las verduras estén tiernas.

5 Mientras tanto, bata los huevos junto con los quesos. Incorpore la mezcla a las verduras y salpimente. Extienda la preparación sobre la base de patata.

6 Cueza el pastel en el horno precalentado a 190 °C durante 20-25 minutos, o hasta que el huevo haya cuajado.

7 Desmolde el pastel, adórnelo con las tiras de puerro y sírvalo acompañado con una ensalada verde.

SUGERENCIA

Si lo desea, incorpore en el relleno dados de tofu o de carne, como por ejemplo cerdo o pollo. Fríalos junto con las verduras en el paso 4.

2

4

5

Bubble & Squeak

Este típico plato inglés se suele preparar con patatas y cualquier verdura que haya sobrado, fritas con mantequilla o manteca, y se sirve como guarnición.

Para 4 personas

INGREDIENTES

450 g de patatas harinosas cortadas en dados
225 g de repollo de Milán cortado en tiras finas
5 cucharadas de aceite vegetal
2 puerros picados
1 diente de ajo chafado
225 g de tofu ahumado, en dados
sal y pimienta
puerro rehogado cortado en tiras finas, para decorar

1 Cueza las patatas en agua hirviendo 10 minutos, hasta que estén tiernas. Escúrralas y haga un puré.

2 Mientras tanto, en otra cazuela escalde el repollo con agua hirviendo durante 5 minutos. Escúrralo y mézclelo con el puré.

3 Caliente el aceite en una sartén de base gruesa y fría a fuego suave el puerro y el ajo durante 2-3 minutos. Incorpore el puré con repollo y mezcle bien.

4 Añada el tofu ahumado y sazone bien con sal y pimienta. Cuézalo a fuego moderado durante 10 minutos.

5 Con cuidado, dé la vuelta al *bubble & squeak* y hágalo por el otro lado 5-7 minutos, hasta que quede crujiente por la parte de abajo. Sírvalo de inmediato, adornado con las tiras de puerro.

SUGERENCIA

Esta receta vegetariana se puede servir como plato único, ya que los dados de tofu ahumado hacen de ella una comida muy sustanciosa.

VARIACIÓN

Si prefiere un plato más tradicional, en lugar de tofu puede utilizar carne cocida, como buey o pollo. También se puede añadir jugo de carne, pero hay que procurar que la mezcla no quede demasiado líquida.

Revoltillo de patata

Ésta es una variación de la receta americana del revoltillo de carne que solían comer los marineros de Nueva Inglaterra, y que se preparaba con carne de buey salada y con sobras de verduras.

Para 4 personas

INGREDIENTES

- 25 g de mantequilla
- 1 cebolla roja partida por la mitad y después en rodajas
- 1 zanahoria cortada en dados
- 25 g de judías verdes francesas partidas por la mitad
- 3 patatas mantecosas grandes, cortadas en dados
- 2 cucharadas de harina
- 600 ml de caldo vegetal
- 225 g de tofu cortado en dados
- sal y pimienta
- perejil fresco picado, para decorar

1 Derrita la mantequilla en una sartén y fría a fuego suave la cebolla, la zanahoria, las judías verdes y las patatas, removiendo, durante 5-7 minutos o hasta que las verduras se empiecen a dorar.

2 Espolvoree con la harina y rehogue durante 1 minuto, sin dejar de remover. Vierta el caldo poco a poco.

3 Reduzca la temperatura y cueza el revoltillo a fuego lento 15 minutos, o hasta que las patatas estén tiernas.

4 Incorpore los dados de tofu en la mezcal de verduras y cuézalo otros 5 minutos más. Salpimente al gusto.

5 Espolvoree el perejil picado por encima del revoltillo, para adornar, y sírvalo caliente, directamente de la sartén.

VARIACIÓN

Si lo desea, sustituya el tofu por dados de carne cocida, por ejemplo de buey o cordero.

SUGERENCIA

Los americanos llaman hash *al revoltillo, y con ello se refieren a cualquier tipo de alimento cortado en trocitos. Para elaborar el revoltillo tradicional, los ingredientes, como rosbif, pimientos, cebolla y apio, se cortan en trocitos y se sirven con el jugo de la carne.*

1

2

4

Patatas al pesto doblemente horneadas

Este plato, fácil de hacer, satisface cualquier apetito. Las patatas se hornean enteras y la pulpa se mezcla con un delicioso pesto antes de volver a colocarla en su piel y hornear por segunda vez.

Para 4 personas

INGREDIENTES

4 patatas para asar, de unos 225 g cada una
150 ml de nata líquida espesa
85 g de caldo vegetal
1 cucharada de zumo de limón
2 dientes de ajo chafados
3 cucharadas de albahaca fresca
2 cucharadas de piñones
2 cucharadas de queso parmesano rallado
sal y pimienta

1 Lave las patatas y pinche la piel con un tenedor. Frótelas con un poco de sal y colóquelas sobre una bandeja de hornear.

2 Ase las patatas en el horno precalentado a 190 °C, durante 1 hora o hasta que estén cocidas y la piel, crujiente.

3 Retire las patatas del horno y córtelas por la mitad a lo largo. Con una cuchara, extraiga la pulpa y póngala en un cuenco grande, dejando una fina capa adherida la piel. Con un tenedor, chafe la pulpa y haga un puré.

4 Mientras tanto, vierta la nata y el caldo en una cazuela y hiérvalo a fuego suave 8-10 minutos o hasta que se haya reducido a la mitad.

5 Agregue el zumo de limón, el ajo y la albahaca picada y salpimente. Mézclelo con el puré de patata y añada los piñones.

6 Con una cuchara, introduzca la pasta en las cáscaras de piel de patata y espolvoree con el queso. Hornee las patatas durante unos 10 minutos o hasta que el queso se dore. Sírvalas con ensalada.

VARIACIÓN

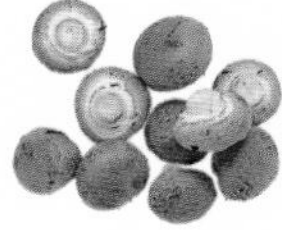

Si lo desea, en el paso 5 puede añadir al puré de patata queso fresco cremoso o champiñones cortados en láminas.

3

4

6

Patatas asadas con guacamole y salsa mexicana

Una vez asada la patata, la pulpa se mezcla con el aguacate y se devuelve a la cáscara, con un aderezo de ensalada. Estas estupendas patatas asadas se sirven con una salsa de tomate picante.

Para 4 personas

INGREDIENTES

4 patatas para asar, de unos 225 g cada una
1 aguacate grande y maduro
175 g de tofu ahumado cortado en dados
2 dientes de ajo chafados
1 cebolla finamente picada
1 tomate finamente picado
1 cucharadita de zumo de limón
125 g de hojas de ensalada variadas
ramitas de cilantro fresco, para adornar

SALSA MEXICANA:
2 tomates maduros, en dados
1 cucharada de cilantro picado
1 chalote cortado en dados pequeños
1 guindilla verde cortada en daditos
1 cucharada de zumo de limón
sal y pimienta

1 Lave las patatas y pinche la piel con un tenedor. Frótelas con un poco de sal y colóquelas sobre una bandeja de hornear.

2 Áselas en el horno precalentado a 190 °C durante 1 hora o hasta que estén tiernas y la piel, crujiente.

3 Corte las patatas por la mitad a lo largo, extraiga la pulpa, dejando una fina capa adherida a la piel, y póngala en un cuenco.

4 Corte el aguacate por la mitad y retire el hueso. Con una cuchara, extraiga la pulpa y mézclela con la patata. Agregue el zumo de limón y haga un puré con un tenedor. Incorpore el tofu, el ajo, la cebolla y el tomate. Con una cuchara, reparta la mezcla entre las cáscaras de piel de patata.

5 Disponga las hojas de ensalada sobre el relleno de aguacate y patata y coloque la otra mitad de la patata encima.

6 Para hacer la salsa, mezcle en un cuenco el tomate con el cilantro, el chalote, la guindilla, el zumo de limón, sal y pimienta. Decore las patatas con ramitas de cilantro fresco y sírvalas con la salsa mexicana.

4

4

6

Pastel de patata

Este sabroso plato se prepara con rodajas de patata, tofu y verduras, que se cuecen en la misma sartén que se lleva a la mesa. No necesita ningún acompañamiento.

Para 4 personas

INGREDIENTES

675 g de patatas mantecosas, sin pelar y cortadas en rodajas
1 zanahoria cortada en dados
225 g de ramitos pequeños de brécol
60 g de mantequilla
2 cucharadas de aceite vegetal
1 cebolla roja cortada en cuartos
2 dientes de ajo chafados
175 g de tofu cortado en dados
2 cucharadas de salvia fresca picada
75 g de queso de sabor fuerte, rallado

1 Cueza las patatas en agua hirviendo 10 minutos. Escúrralas bien.

2 Mientras tanto, hierva la zanahoria y el brécol en otra cazuela durante 5 minutos. Escúrralos con una espumadera.

3 Caliente la mantequilla y el aceite en una sartén de 23 cm de diámetro y fría la cebolla y el ajo a fuego suave 2-3 minutos. Incorpore la mitad de las rodajas de patata, hasta cubrir la base de la sartén.

4 Extienda sobre las patatas la zanahoria, el brécol y el tofu. Espolvoree con la mitad de la salvia y coloque encima el reso de patatas. Espolvoree con el queso rallado.

5 Cueza el pastel a fuego moderado 8-10 minutos y a continuación gratínelo bajo el grill precalentado a temperatura media otros 2-3 minutos o hasta que el queso se funda y se dore.

6 Adórnelo con el resto de la salvia y llévelo a la mesa en la misma sartén.

SUGERENCIA

Asegúrese de que la mezcla cubre por completo el diámetro de la sartén; así, las capas tendrán un buen aspecto y no se estropearán.

2

4

4

Horneado de patata a los cuatro quesos

Este plato se prepara rápidamente y se puede dejar en el horno sin tener que estar pendiente de él. Puede variar la combinación de quesos y verduras según los ingredientes que tenga disponibles.

Para 4 personas

INGREDIENTES

900 g de patatas mantecosas, sin pelar y cortadas en gajos
25 g de mantequilla
1 cebolla roja partida por la mitad y después en rodajas
2 dientes de ajo chafados
25 g de harina
600 ml de leche
1 lata de 400 g de corazones de alcachofa en su jugo, escurridos y partidos por la mitad
150 g de verduras mixtas congeladas, ya descongeladas
125 g de queso gruyère rallado
125 g de cheso de sabor fuerte, rallado
50 g de queso gorgonzola desmenuzado
25 g de queso parmesano rallado
225 g de tofu cortado en lonchas
2 cucharadas de tomillo fresco picado
sal y pimienta
ramitas de tomillo, para decorar

1 Cueza los gajos de patata en agua hiviendo 10 minutos. Escúrralos bien.

2 Mientras tanto, derrita la mantequilla en una cazuela y rehogue la cebolla y el ajo a fuego suave durante 2-3 minutos.

3 Añada la harina y rehogue 1 minuto más. Incorpore poco a poco la leche y llévelo a ebullición, sin dejar de remover.

4 Baje el fuego y agregue, sin dejar de remover, los corazones de alcachofa, las verduras mixtas, la mitad de cada uno de los cuatro quesos y el tofu. A continuación, incorpore el tomillo fresco picado y salpimente bien.

5 Disponga una capa de gajos de patata sancochados sobre la base de una fuente para el horno poco profunda. Ponga cucharadas de mezcla de verduras por encima y cubra con el resto de las patatas. Espolvoree con el resto de los cuatro quesos.

6 Cuézalo en el horno precalentado a 200 °C durante 30 minutos o hasta que las patatas estén bien cocidas y la superficie se haya dorado. Sirva el plato adornado con ramitas de tomillo fresco.

4

Gratinado de patata y berenjena

Parecida a una mousaka *sencilla, este plato se compone de capas de berenjena, tomate y patata y se hornea con una cobertura elaborada con yogur.*

Para 4 personas

INGREDIENTES

450 g de patatas mantecosas cortadas en rodajas
1 cucharada de aceite vegetal
1 cebolla picada
2 dientes de ajo chafados
450 g de tofu cortado en dados
2 cucharadas de pasta de tomate
2 cucharadas de harina
300 ml de caldo vegetal
2 tomates grandes cortados en rodajas
1 berenjena cortada en rodajas
450 g de yogur natural
2 huevos batidos
sal y pimienta

1 Cueza las patatas en agua hirviendo 10 minutos, hasta que estén tiernas pero sin que se rompan. Escúrralas y resérvelas.

2 Caliente el aceite en una sartén y fría la cebolla y el ajo durante 2-3 minutos.

3 Añada los dados de tofu, la pasta de tomate y la harina y rehogue 1 minuto. Poco a poco, sin dejar de remover, incorpore el caldo de verduras y llévelo a ebullición. Baje la temperatura y cuézalo a fuego lento 10 minutos.

4 Extienda una capa de rodajas de patata sobre la base de una fuente llana para el horno. Ponga la preparación de tofu por encima.

5 Disponga por encima del tofu una capa de tomate, otra de berenjena y después el resto de las patatas, comprobando que quede totalmente cubierto.

6 En un cuenco, mezcle el yogur con el huevo batido y salpimente bien. Con una cuchara, extiéndalo sobre las rodajas de patata.

7 Cueza el plato en el horno precalentado a 190 °C durante 35-45 minutos, o hasta que la superficie se dore. Sírvalo caliente, con una fresca ensalada verde.

VARIACIÓN

Si prefiere un sabor más fuerte, puede utilizar tofu ahumado o macerado.

3

4

Terrina de patata y frutos secos

La base de esta deliciosa terrina horneada es un puré de patata aderezado con frutos secos, hierbas y especias.

Para 4 personas

INGREDIENTES

225 g de patatas harinosas cortadas en dados
225 g de pacanas
225 g de anacardos sin sal
1 cebolla finamente picada
2 dientes de ajo chafados
125 g de champiñones cortados en dados
25 g de mantequilla
2 cucharadas de hierbas variadas, picadas
1 cucharadita de pimentón
1 cucharadita de comino molido
1 cucharadita de cilantro molido
4 huevos batidos
125 g de queso fresco no descremado
50 g de queso parmesano rallado
sal y pimienta

SALSA:
3 tomates grandes, pelados, despepitados y troceados
2 cucharadas de pasta de tomate
85 ml de vino tinto
1 cucharada de vinagre de vino tinto
una pizca de azúcar lustre

1 Engrase un molde para el horno de 1,1 kg de capacidad y fórrelo con papel vegetal.

2 Cueza las patatas en agua hirviendo 10 minutos o hasta que estén tiernas. Escúrralas y haga un puré.

3 Pique las pacanas y los anacardos bien finos, a mano o en una picadora. Mézclelos con la cebolla, el ajo y los champiñones. Derrita la mantequilla en una sartén y fríalo todo junto 5-7 minutos. Añada las hierbas y las especias. Incorpore el huevo, los quesos y las patatas; salpimente.

4 Ponga la masa en el molde preparado, presionando con firmeza. Cueza la terrina en el horno precalentado a 190 °C durante 1 hora o hasta que cuaje.

5 Para la salsa, mezcle en una cazuela el tomate troceado con la pasta de tomate, el vino, el vinagre y el azúcar y llévelo a ebullición, removiendo. Cuézalo durante 10 minutos o hasta que el jugo se evapore un poco. Pase la salsa por el chino o bátala en la batidora durante 30 segundos. Desmolde la terrina y córtela en rodajas. Sírvala acompañada con la salsa de tomate.

3

3

4

Pasteles y platos al horno

El siguiente capítulo contiene un amplio surtido de suculentas empanadas y platos hechos al horno que resultan ideales para las noches de otoño e invierno, aunque también encontrará otros menos consistentes, adecuados para una comida de primavera o verano. La mayoría de las recetas se pueden adaptar a su gusto personal o a la temporada del año cambiando el tipo de verdura.

El capítulo contiene recetas dulces y saladas, ya que el boniato se presta para platos dulzones mezclado con frutas y especias. También encontrará algunas recetas a base de pan, pues con la patata se puede elaborar un pan estupendo, un surtido de fabulosas tartas y empanadas con diferentes tipos de masa, así como algunas pastas. En este apartado hallará el plato ideal para cada ocasión, lo que confirma que la patata es un ingrediente fabuloso para preparar deliciosas y variadas comidas.

Empanadillas de patata, carne y puerro

Repletas de patata, dados de carne y puerro, estas empanadillas constituyen una comida sustanciosa. También resultan perfectas para una merienda campestre.

Para 4 personas

INGREDIENTES

225 g de patatas mantecosas cortadas en dados
1 zanahoria pequeña cortada en dados
225 g de carne de buey cortada en dados
1 puerro cortado en rodajas
225 g de pasta quebrada preparada
15 g de mantequilla
sal y pimienta
1 huevo batido

1 Engrase ligeramente una bandeja para el horno.

2 Mezcle las patatas con la zanahoria, la carne y el puerro en un cuenco grande. Sazone bien con sal y pimienta.

3 Divida la pasta quebrada en 4 partes iguales. Extiéndalas con el rodillo sobre una superficie ligeramente enharinada y forme 4 redondeles de 20 cm de diámetro.

4 Con una cuchara, deposite la mezcla en el centro del redondel, dejando un reborde libre de 1 cm. Reparta la mantequilla entre las 4 empanadillas. Pinte el reborde con un poco de huevo batido.

5 Doble la masa por encima del relleno y pellizque los bordes para cerrarlos.

6 Coloque las empanadillas sobre la bandeja de hornear y píntelas con el huevo batido.

7 Áselas en el horno precalentado a 200 °C durante 20 minutos. Baje la temperatura a 160 °C y hornéelas otros 30 minutos, hasta que estén listas.

8 Sirva las empanadillas con una ensalada o con salsa de cebolla.

SUGERENCIA

Puede preparar las empanadillas con antelación y congelarlas.

VARIACIÓN

Puede emplear otros tipos de carne, como cerdo o pollo, o si lo desea puede añadir trocitos de manzana en el paso 2.

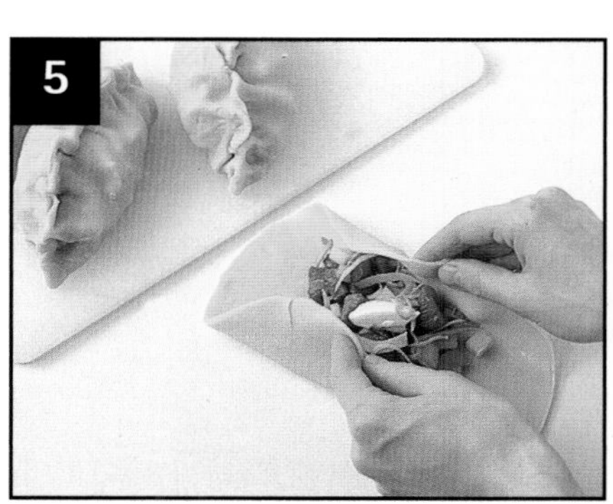

Calzone de patata y tomate

Estas empanadillas italianas hechas con masa de pizza constituyen un delicioso almuerzo o cena servidas bien calientes y acompañadas con una ensalada.

Para 4 personas

INGREDIENTES

MASA:
450 g de harina blanca para pan
1 cucharadita de levadura seca
300 ml de caldo vegetal
1 cucharada de miel
1 cucharadita de semillas de alcaravea
leche para el glaseado

RELLENO:
225 g de patatas mantecosas cortadas en dados
1 cucharada de aceite vegetal
1 cebolla cortada en rodajas
2 dientes de ajo chafados
40 g de tomates secados al sol
2 cucharadas de albahaca fresca picada
2 cucharadas de pasta de tomate
2 tallos de apio cortados en rodajas
50 g de mozzarella rallada

1 Para preparar la masa, tamice la harina en un cuenco grande y añada la levadura. Haga un hoyo en el centro.

2 Agregue el caldo vegetal, la miel y las semillas de alcaravea y mezcle bien hasta formar una masa.

3 Pase la masa a una superficie enharinada y trabájela durante 8 minutos, hasta que esté suave. Colóquela en un bol engrasado, cúbrala y deje que fermente en un lugar cálido 1 hora o hasta que haya doblado su tamaño.

4 Mientras tanto, prepare el relleno. Caliente el aceite en una sartén y rehogue todos los ingredientes, excepto el queso, unos 5 minutos; no deje de remover.

5 Divida la masa fermentada en 4 porciones. Extiéndalas con el rodillo sobre una superficie enharinada hasta formar otras tantas tortas de 18 cm. Reparta el relleno entre los cuatro trozos.

6 Espolvoree el queso sobre el relleno. Pinte el reborde de la masa con leche y dóblela por encima del relleno, presionando los bordes para sellarlos.

7 Coloque los *calzone* sobre una bandeja para el horno; píntelos con leche. Cuézalos 30 minutos en el horno precalentado a 220 °C, o hasta que se hinchen y se doren.

2

4

6

Hatillos de carne y patata

Estos pequeños hatillos resultan perfectos para esas ocasiones especiales en que se quiere impresionar a los invitados. La crujiente pasta contiene un sabroso relleno de carne de buey cocida con vino tinto.

Para 4 personas

INGREDIENTES

225 g de patatas mantecosas cortadas en dados pequeños
1 cucharada de aceite vegetal
125 g de carne de buey picada
1 puerro cortado en rodajas
1 pimiento amarillo pequeño, cortado en daditos
125 g de champiñones cortados en láminas
1 cucharada de harina
1 cucharada de pasta de tomate
85 ml de vino tinto
85 ml de caldo de carne
1 cucharada de romero fresco picado
225 g de pasta filo, a temperatura ambiente si la utiliza congelada
2 cucharadas de mantequilla derretida
sal y pimienta

1 Cueza las patatas en agua hirviendo durante 5 minutos. Escúrralas y resérvelas.

2 Mientras tanto, caliente el aceite en una cazuela y rehogue la carne picada, el puerro, el pimiento y los champiñones a fuego suave 5 minutos.

3 Agregue la harina y la pasta de tomate y rehogue 1 minuto más. Gradualmente, incorpore el vino tinto y el caldo de carne, removiendo hasta que se espese. Añada el romero, salpimente al gusto y deje que se entibie.

4 Coloque 4 láminas de pasta filo sobre una superficie de trabajo o tabla. Recorte las láminas para obtener 4 cuadrados de 20 cm de lado.

5 Pinte los bordes de la pasta con un poco de mantequilla. Deposite una cuarta parte del relleno en el centro de cada cuadrado. Levante las esquinas y los lados de los cuadrados para formar un hatillo, frunciendo los bordes para juntarlos. Asegúrese de que queden bien cerrados presionando la pasta, pues de otro modo el relleno se saldría.

6 Coloque los hatillos sobre una bandeja llana para el horno y píntelos con mantequilla. Cuézalos en el horno precalentado a 180 °C durante 20 minutos. Sírvalos calientes.

4

5

5

Pastel de carne con zanahoria

Ésta es una variación de todo un clásico, con un cremoso puré de patata extendido sobre un delicioso relleno de carne. En este caso se añaden zanahoria y hierbas para realzar el sabor y el color de la patata.

Para 4 personas

INGREDIENTES

450 g de carne de buey picada
1 cebolla picada
1 diente de ajo chafado
1 cucharada de harina
300 ml de caldo de carne
2 cucharadas de pasta de tomate
1 tallo de apio picado
3 cucharadas de perejil fresco picado
1 cucharada de salsa Worcestershire
675 g de patatas harinosas cortadas en dados
2 zanahorias grandes cortadas en dados
25 g de mantequilla
3 cucharadas de leche
sal y pimienta

1 Saltee la carne sin aceite en una sartén grande a fuego vivo 3-4 minutos o hasta que esté sellada. Añada la cebolla y el ajo y cueza 5 minutos más, removiendo.

2 Añada la harina y remueva 1 minuto más. Gradualmente, incorpore el caldo de carne y la pasta de tomate. Añada el apio, 1 cucharada de perejil y la salsa Worcestershire. Salpimente al gusto.

3 Llévelo a ebullición, baje la temperatura y cuézalo a fuego lento 20-25 minutos. Coloque la preparación en una fuente para el horno de 1,1 litros de capacidad.

4 Mientras tanto, cueza las patatas y la zanahoria en agua hirviendo durante 10 minutos. Escúrralas y haga un puré.

5 Incorpore en el puré la mantequilla, la leche y el resto de perejil y salpimente. Con una cuchara, extiéndalo por encima de la mezcla de carne hasta cubrirla por completo; también puede hacerlo con una manga pastelera.

6 Hornee el pastel en el horno precalentado a 190 °C durante 45 minutos o hasta que esté bien cocido. Sírvalo caliente.

VARIACIÓN

Puede utilizar carne picada de cordero, pavo o cerdo en lugar de buey, con las hierbas más adecuadas a cada una de ellas, como romero y salvia.

1

2

5

Pastel de patata, carne y riñones

El pastel de carne con riñones es muy popular en Inglaterra. Esta versión resulta especialmente apetitosa porque el relleno se cuece en una salsa de cerveza con trozos de patata.

Para 4 personas

INGREDIENTES

225 g de patatas mantecosas cortadas en dados
25 g de mantequilla
450 g de carne magra cortada en dados
150 g de riñones de buey, vaciados y picados
12 chalotes
25 g de harina
150 ml de caldo de carne
150 ml de cerveza de malta
225 g de masa de hojaldre preparada
1 huevo batido
sal y pimienta

1 Cueza las patatas en agua hirviendo 10 minutos. Escúrralas bien.

2 Mientras tanto, derrita la mantequilla en una cazuela y rehogue los dados de carne y los riñones 5 minutos, removiendo, hasta que la carne esté sellada por todos los lados.

3 Añada los chalotes y rehogue otros 3-4 minutos. Añada la harina. Gradualmente, vierta el caldo de carne y la cerveza y llévelo a ebullición, sin dejar de remover.

4 Incorpore las patatas en el guiso y sazone con sal y pimienta. Baje la temperatura y cuézalo a fuego suave, tapado, durante 1 hora, removiendo de vez en cuando.

5 Coloque la preparación en una fuente para el horno. Extienda la masa de hojaldre sobre una superficie enharinada hasta que sobresalga 1 cm del borde de la fuente.

6 Corte una tira de masa lo bastante larga y ancha como para que se ajuste al borde de la fuente. Pinte este último con huevo batido y presione la tira todo alrededor. Píntela con huevo batido y coloque la tapa de hojaldre por encima del relleno y de la tira. Pellizque los bordes contra el de la fuente para sellarla y píntela con huevo batido.

7 Cueza el pastel en el horno precalentado a 230 °C durante 20-25 minutos o hasta que la pasta suba y esté dorada. Llévelo a la mesa en la misma fuente y sírvalo bien caliente.

2

4

6

Empanada de patata, cerdo y manzana

En la elaboración de esta empanada hay que trabajar la masa con rapidez, pues se tiene que adaptar al molde cuando todavía está caliente y flexible. Es muy fácil de hacer y queda exquisita y crujiente.

Para 8 personas

INGREDIENTES

RELLENO:
- 900 g de patatas mantecosas cortadas en rodajas
- 25 g de mantequilla
- 2 cucharadas de aceite vegetal
- 450 g de carne magra de cerdo cortada en dados
- 2 cebollas cortadas en rodajas
- 4 dientes de ajo chafados
- 4 cucharadas de pasta de tomate
- 600 ml de caldo
- 2 cucharadas de salvia fresca picada
- 2 manzanas de postre, peladas y cortadas en rodajas
- sal y pimienta

MASA:
- 675 g de harina
- una pizca de sal
- 50 g de mantequilla
- 125 g de manteca
- 300 ml de agua
- 1 huevo batido
- 1 cucharadita de gelatina

1 Hierva las patatas 10 minutos. Escúrralas y resérvelas. Caliente la mantequilla y el aceite en una cazuela y fría la carne hasta que se dore, dándole vueltas. Añada la cebolla y el ajo y rehogue 5 minutos. Añada el resto de los ingredientes del relleno, excepto las patatas y las manzanas. Cubra la cazuela y déjela a fuego lento durante $1^1/_2$ horas. Escurra el líquido y resérvelo. Deje que la carne se enfríe.

2 Para preparar la masa, tamice la harina en un cuenco. Añada la sal y forme un hoyo en el centro. En un cazo, hierva el agua con la mantequilla y la manteca. Viértalo en el hueco y forme una masa. Sobre una superficie enharinada, amase hasta que esté suave. Reserve una cuarta parte de la masa y con el resto forre la base y los lados de un molde grande para empanada o uno hondo, para pastel, de 20 cm de diámetro.

3 Coloque en el molde capas de carne, patata y manzana. Extienda la masa reservada para la tapa. Humedezca los bordes y ponga la tapa encima; selle bien. Píntela con huevo y haga un agujero en el centro. Cueza la empanada en el horno precalentado a 200 °C unos 30 minutos y a 160 °C, otros 45. Disuelva la gelatina en el jugo reservado y, cuando la empanada se enfríe, viértala en el agujero. Sirva la empanada fría.

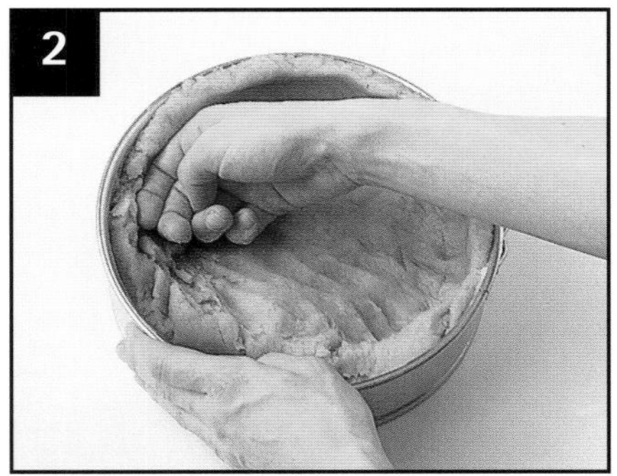

2

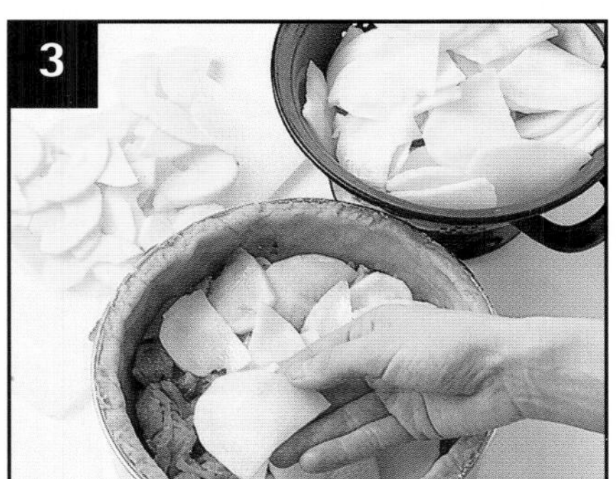

3

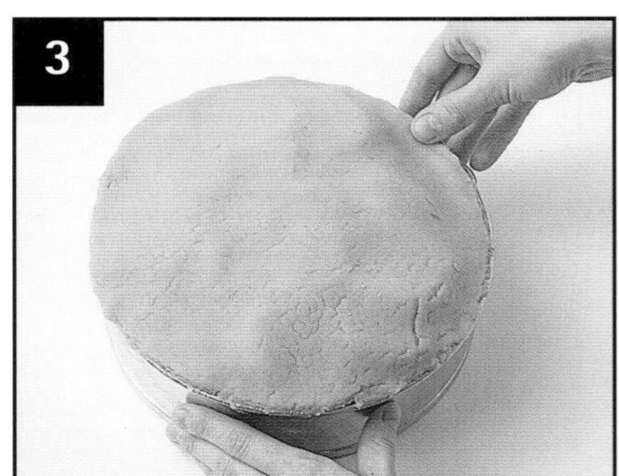

3

Pastel de patata, salchicha y cebolla

Este plato puede constituir una deliciosa cena familiar. Para que resulte realmente extraordinario, utilice salchichas a las hierbas de buena calidad.

Para 4 personas

INGREDIENTES

- 2 patatas mantecosas grandes, sin pelar, cortadas en rodajas
- 25 g de mantequilla
- 4 salchichas gruesas de carne de cerdo a las hierbas
- 1 puerro cortado en rodajas
- 2 dientes de ajo chafados
- 150 ml de caldo vegetal
- 150 ml de sidra seca o zumo de manzana
- 2 cucharadas de salvia fresca picada
- 2 cucharadas de harina de maíz
- 4 cucharadas de agua
- 75 g de queso de sabor fuerte, rallado
- sal y pimienta

1 Cueza las patatas en agua hirviendo 10 minutos. Escúrralas y resérvelas.

2 Mientras tanto, derrita la mantequilla en una sartén y fría las salchichas 8-10 minutos; dándoles la vuelta varias veces para que se doren por todos los lados. Retire las salchichas de la sartén y córtelas en rodajas gruesas.

3 En la sartén, fría durante 2-3 minutos el puerro y el ajo con las rodajas de salchicha.

4 Agregue el caldo de verduras, la sidra o el zumo de manzana y la salvia picada. Salpimente. Deslía la harina de maíz en el agua, viértala en la sartén y, removiendo, deje que el guiso hierva hasta que la salsa esté espesa y clara. Ponga la preparación en un molde hondo para empanadas.

5 Extienda capas de rodajas de patata sobre el relleno de salchicha hasta cubrirlo por completo. Salpimente y espolvoree con el queso rallado.

6 Cueza el pastel en el horno precalentado a 190 °C durante 25-30 minutos o hasta que las patatas estén cocidas y el queso se haya dorado. Sírvalo caliente.

VARIACIÓN

Puede añadir al relleno otros tipos de verdura, como brécol o coliflor; si lo prefiere, puede utilizar vino blanco en lugar de sidra o zumo de manzana.

3

4

4

Pastel de patata y brécol

La salsa de este pastel se adereza con queso italiano dolcelatte *y nueces, que quedan deliciosas con el brécol. Puede preparar un solo pastel grande o bien 4 individuales, y servirlos con verduras frescas.*

Para 4 personas

INGREDIENTES

- 450 g de patatas mantecosas, cortadas en trozos grandes
- 25 g de mantequilla
- 1 cucharada de aceite vegetal
- 175 g de carne magra de cerdo cortada en dados
- 1 cebolla roja cortada en 8 trozos
- 25 g de harina
- 150 ml de caldo de verduras
- 150 ml de leche
- 75 g de queso *dolcelatte*, desmenuzado
- 175 g de ramitos de brécol
- 25 g de nueces
- 225 g de pasta de hojaldre preparada
- leche para el glaseado
- sal y pimienta

1 Cueza las patatas troceadas en agua hirviendo 5 minutos. Escúrralas y resérvelas.

2 Mientras tanto, caliente la mantequilla y el aceite en una sartén de base gruesa y fría la carne durante 5 minutos, removiendo, hasta que se dore.

3 Agregue la cebolla y rehogue otros 2 minutos. Incorpore la harina y fría 1 minuto; vierta el caldo vegetal y la leche, despacio. Llévelo a ebullición, removiendo.

4 Incorpore el queso, el brécol, las patatas y las nueces; cuézalo todo junto 5 minutos a fuego lento. Salpimente y pase la preparación a una fuente para empanadas.

5 Sobre una superficie enharinada, extienda la pasta de hojaldre con el rodillo hasta que sobresalga 2,5 cm del borde la fuente. Recorte una tira de 2,5 cm de ancho. Humedezca el borde de la fuente y coloque la tira de pasta alrededor. Píntela con leche y coloque la tapa de masa encima.

6 Selle pellizcando los bordes. Haga 2 pequeñas incisiones en el centro de la tapa. Píntela con leche y cueza el pastel en el horno precalentado a 200 °C durante 25 minutos o hasta que el hojaldre suba y esté dorado.

SUGERENCIA

Si lo prefiere, utilice un queso duro y de sabor intenso en lugar del dolcelatte.

4

5

6

Empanada de patata y jamón en dulce

Esta empanada contiene trozos de piña –acompañamiento clásico del jamón en dulce– y una salsa de mostaza con patatas y cebolla; todo ello dentro de una apetitosa masa con sabor a queso.

Para 4 personas

INGREDIENTES

225 g de patatas mantecosas cortadas en dados
25 g de mantequilla
8 chalotes partidos por la mitad
225 g de jamón en dulce ahumado cortado en dados
25 g de harina
300 ml de leche
2 cucharadas de mostaza de grano entero
50 g de piña cortada en dados

MASA:
225 g de harina
½ cucharadita de mostaza seca
una pizca de sal
una pizca de cayena molida
150 g de mantequilla
125 g de queso fuerte, rallado
2 yemas de huevo y 1 para pintar
4-6 cucharaditas de agua fría

1 Hierva los dados de patata 10 minutos. Escúrralos.

2 Mientras tanto, derrita la mantequilla en una cazuela y fría los chalotes a fuego suave durante 3-4 minutos, hasta que empiecen a dorarse.

3 Incorpore el jamón y rehogue 2-3 minutos. Añada la harina, y cueza 1 minuto. Vierta poco a poco la leche. Añada la mostaza y la piña y, sin dejar de remover, llévelo a ebullición. Salpimente y agregue las patatas.

4 En un bol, tamice la harina para la masa con la mostaza, la sal y la cayena. Incorpore la mantequilla y trabaje hasta obtener una consistencia de pan rallado. Añada el queso, las yemas de huevo y el agua y forme una masa.

5 Extienda la mitad de la masa y forre con ella un molde poco profundo; recorte los bordes.

6 Con una cuchara, introduzca el relleno en el molde. Pinte el borde de la masa con agua.

7 Extienda el resto de la masa para hacer la tapa y presiónela sobre el molde, sellando bien los bordes. Decore la tapa con los recortes de masa sobrantes y píntela con yema de huevo. Cueza la empanada en el horno precalentado a 190 °C durante 40-45 minutos o hasta que esté cocida y dorada.

3

3

5

Pastel de patata y pavo

El pavo combina muy bien con la fruta, pues su sabor es bastante intenso, en especial el de la carne más oscura. Las nueces contrarrestan el dulzor de la fruta y aportan un toque crujiente y algo amargo.

Para 4 personas

INGREDIENTES

300 g de patatas mantecosas cortadas en dados
25 g de mantequilla
1 cucharada de aceite vegetal
300 g de carne magra de pavo cortada en dados
1 cebolla roja partida por la mitad y después en rodajas
25 g de harina
300 ml de leche
150 ml de nata líquida espesa
2 tallos de apio cortados en rodajas
75 g de orejones de albaricoque picados
25 g de nueces troceadas
2 cucharadas de perejil fresco picado
sal y pimienta
225 g de pasta quebrada preparada
huevo batido para pintar

1 Cueza las patatas en agua hirviendo 10 minutos, hasta que estén tiernas. Escúrralas y resérvelas.

2 Mientras tanto, caliente la mantequilla y el aceite en una sartén y fría el pavo 5 minutos, removiendo, hasta que se dore.

3 Agregue la cebolla y fría 2-3 minutos más. Incorpore la harina y rehogue 1 minuto. Vierta poco a poco la leche y la nata líquida. Llévelo a ebullición, removiendo, y después baje el fuego hasta que deje de hervir.

4 Añada el apio, los orejones, las nueces, el perejil y las patatas. Salpimente. Disponga la preparación en una fuente para el horno de 1,1 litros de capacidad.

5 Extienda la masa con el rodillo sobre una superficie ligeramente enharinada hasta que sobresalga 2,5 cm del borde de la fuente. Recorte una tira de masa de 2,5 cm de ancho y colóquela alrededor del borde humedecido de la fuente. Píntela con agua y ponga la tapa de masa por encima de la preparación, presionando sobre la tira para sellar los bordes.

6 Pinte la tapa del pastel con huevo batido y cuézalo en el horno precalentado a 200 °C durante 25-30 minutos o hasta que esté cocido y dorado. Sírvalo inmediatamente.

2

3

4

Tarta de patata crujiente

Ésta es una tarta formada por capas de patata, brécol, tomate y pollo, con una cremosa salsa y una crujiente cobertura de copos de avena. También se puede utilizar carne de buey o de cerdo.

Para 4 personas

INGREDIENTES

2 patatas mantecosas grandes, cortadas en rodajas
60 g de mantequilla
1 filete de pechuga de pollo sin piel, de unos 175 g
2 dientes de ajo chafados
4 cebolletas cortadas en rodajas
25 g de harina
150 ml de vino blanco seco
150 ml de nata líquida espesa
225 g de ramitos de brécol
4 tomates grandes cortados en rodajas
75 g de queso gruyère cortado en lonchas
225 ml de yogur natural
25 g de copos de avena tostados

1 Cueza las patatas en agua hirviendo 10 minutos. Escúrralas y resérvelas.

2 Derrita la mantequilla en una sartén. Corte el pollo en tiras y fríalo 5 minutos, dándole la vuelta. Añada el ajo y la cebolleta y rehogue 2 minutos más.

3 Agregue la harina y rehogue 1 minuto. Poco a poco, vierta el vino y la nata líquida. Llévelo a ebullición, removiendo, y después reduzca la temperatura hasta que deje de hervir; cuézalo a fuego suave durante 5 minutos.

4 Escalde el brécol en agua hirviendo, escúrralo y páselo bajo el chorro de agua fría.

5 Extienda la mitad de las patatas en una fuente para el horno y por encima la mitad del tomate y la mitad del brécol.

6 Con una cuchara, ponga por encima mezcla de pollo y repita las capas en el mismo orden.

7 Disponga el gruyère y a continuación vierta el yogur. Espolvoree con los copos de avena y cuézalo en el horno precalentado a 200 °C durante 25 minutos, hasta que la parte de encima esté bien dorada. Sirva la tarta de inmediato.

SUGERENCIA

Si desea una tarta más crujiente, añada frutos secos troceados a la cobertura, como por ejemplo piñones.

2

5

7

Pastel de patata, puerro y pollo

Este pastel queda muy vistoso con su dorada y atractiva cubierta "fruncida" de pasta filo, que se consigue pintando las tiras de pasta con mantequilla derretida.

Para 4 personas

INGREDIENTES

225 g de patatas mantecosas cortadas en dados
60 g de mantequilla
1 filete de pechuga de pollo de unos 175 g, sin piel y cortado en dados
1 puerro cortado en rodajas
150 g de champiñones cortados en láminas
25 g de harina
300 ml de leche
1 cucharada de mostaza de Dijon
2 cucharadas de salvia fresca picada
225 g de pasta filo, a temperatura ambiente si la utiliza congelada
40 g de mantequilla derretida
sal y pimienta

1 Cueza los dados de patata en agua hirviendo 5 minutos. Escúrralos y resérvelos.

2 Derrita la mantequilla en una sartén y fría los dados de pollo durante 5 minutos, hasta que estén bien dorados.

3 Añada los champiñones y el puerro y fría otros 3 minutos, removiendo. Agregue la harina y rehogue 1 minuto más. Poco a poco, incorpore la leche y llévelo a ebullición. Añada la mostaza, la salvia picada y las patatas y cuézalo a fuego suave durante 10 minutos. Salpimente.

4 Mientras tanto, forre una fuente honda para el horno con la mitad de las hojas de pasta filo. Ponga el relleno dentro y cúbralo con una lámina de pasta. Píntela con mantequilla y coloque otra lámina encima. Píntela.

5 Recorte el resto de la pasta filo en tiras y dóblelas por encima de la empanada para crear un efecto de fruncido. Pinte las tiras con la mantequilla derretida y cueza el pastel en el horno precalentado a 180 °C durante 45 minutos o hasta que esté dorado y crujiente. Sírvalo caliente.

SUGERENCIA

Si la cobertura empieza a dorarse demasiado pronto, cúbrala con papel de aluminio, así el pastel tendrá tiempo de cocerse sin que se queme el adorno.

3

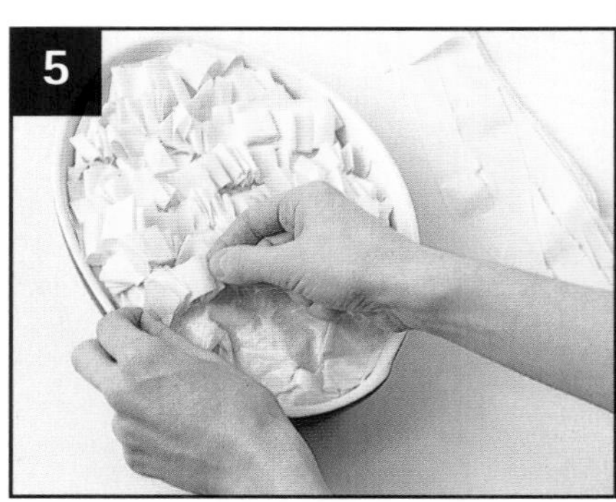

Pastel de capas de patata y pescado

Este plato es realmente delicioso y satisface el apetito. Las capas de patata y pescado variado, que se cuecen en una salsa cremosa, se recubren con queso rallado.

Para 4 personas

INGREDIENTES

900 g de patatas mantecosas cortadas en rodajas
60 g de mantequilla
1 cebolla roja partida por la mitad y después en rodajas
50 g de harina
450 ml de leche
150 ml de nata líquida espesa
225 g de filete de abadejo ahumado, cortado en dados
225 g de filete de bacalao fresco, cortado en dados
1 pimiento rojo cortado en dados
125 g de ramitos de brécol
50 g de queso parmesano rallado
sal y pimienta

1 Hierva las patatas 10 minutos. Escúrralas y resérvelas.

2 Derrita la mantequilla en una cazuela y rehogue la cebolla a fuego suave durante 3-4 minutos.

3 Añada la harina y rehogue 1 minuto. Incorpore la leche y la nata líquida y llévelo a ebullición; remueva hasta que la salsa se espese.

4 Extienda la mitad de las patatas sobre la base de una fuente llana para el horno.

5 Incorpore a la salsa el pescado, el pimiento y el brécol y cuézalo a fuego lento 10 minutos. Salpimente y ponga la mezcla en la fuente, por encima de las patatas.

6 Coloque las patatas restantes sobre el pescado formando una capa. Espolvoree con el queso parmesano.

7 Cueza el pastel en el horno precalentado a 180 °C durante 30 minutos o hasta que las patatas estén cocidas y la parte superior, dorada.

SUGERENCIA

Escoja el pescado que más le guste. Un toque de salmón o gambas es ideal para las ocasiones especiales.

3

5

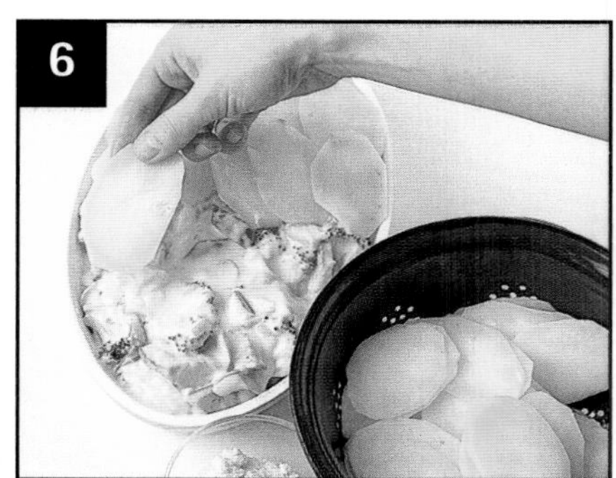

6

Pastel de pescado ahumado y patata

El sabroso relleno de este pastel de pescado queda oculto bajo una cremosa capa de patata y nabo sazonada con hierbas frescas, lo que lo hace tan apetecible a la vista como al paladar.

Para 4 personas

INGREDIENTES

- 450 g de patatas harinosas cortadas en dados
- 225 g de nabo gallego cortado en dados
- 60 g de mantequilla
- 1 puerro cortado en rodajas
- 50 g de mazorquitas de maíz cortadas en rodajas
- 1 calabacín cortado por la mitad a lo largo y después en rodajas
- 50 g de harina
- 300 ml de leche
- 150 ml de caldo de pescado
- 150 ml de nata líquida espesa
- 450 g de filete de bacalao ahumado cortado en dados
- unas gotas de tabasco
- 125 g de gambas cocidas y peladas
- 2 cucharadas de perejil fresco picado
- 2 cucharadas de queso parmesano rallado
- sal y pimienta

1 Hierva las patatas y los nabos en agua durante 20 minutos, hasta que estén muy tiernos. Escúrralos y haga un puré suave.

2 Mientras tanto, derrita la mantequilla en una sartén y fría el puerro, el maíz y el calabacín a fuego suave 3-4 minutos, removiendo.

3 Añada la harina y rehogue 1 minuto más. Incorpore poco a poco la leche, el caldo de pescado y la nata líquida y llévelo a ebullición, removiendo hasta que se espese.

4 Agregue el pescado, baje el fuego y cuézalo 5 minutos. Añada el tabasco, las gambas y la mitad del perejil; salpimente. Extienda la preparación sobre la base de una fuente para el horno.

5 Mezcle el resto de perejil con el puré de patata y nabo; salpimente. Con una cuchara o una manga pastelera, extiéndalo sobre la mezcla, recubriéndola por completo. Espolvoree con el queso rallado y cueza el pastel 20 minutos en el horno precalentado a 180 °C. Sírvalo de inmediato.

VARIACIÓN

En lugar de nabo gallego, puede aromatizar el puré con chirivía.

2

3

4

Quiche de patata, atún y queso

La base de esta quiche *se elabora con puré de patata en lugar de masa de harina, lo que confiere una textura más suave al sabroso relleno de atún.*

Para 4 personas

INGREDIENTES

450 g de patatas harinosas cortadas en dados
25 g de mantequilla
6 cucharadas de harina

RELLENO:
1 cucharada de aceite vegetal
1 chalote picado
1 diente de ajo chafado
1 pimiento rojo cortado en dados
1 lata de 175 g de atún en su jugo, escurrido
50 g de maíz enlatado, escurrido
150 ml de leche
3 huevos batidos
1 cucharada de eneldo fresco picado
50 g de queso de sabor fuerte, rallado
sal y pimienta

PARA ADORNAR:
ramitas de eneldo fresco
gajos de limón

1 Hierva las patatas en agua durante 10 minutos o hasta que estén tiernas. Escúrralas y haga un puré. Añada la mantequilla y la harina y forme una masa.

2 Trabaje la masa sobre una superficie enharinada y presiónela en un molde redondo de 20 cm. Pinche la base con un tenedor. Fórrela con papel vegetal y ponga encima alubias crudas para cocerla 20 minutos en vacío, en el horno precalentado a 200 °C.

3 Caliente el aceite en una sartén y fría el chalote, el ajo y el pimiento durante 5 minutos. Escúrralo y colóquelo sobre la masa. Esparza el maíz y el atún desmenuzado por encima.

4 En un bol, mezcle la leche con el huevo batido y el eneldo picado. Salpimente.

5 Vierta en el molde la mezcla de huevo y espolvoree con el queso rallado.

6 Cueza la *quiche* en el horno unos 20 minutos o hasta que el relleno cuaje. Adorne con eneldo fresco y gajos de limón. Sírvala con verduras variadas o una ensalada.

VARIACIÓN

Si lo desea, en lugar de atún puede utilizar cualquier otro pescado, incluso carne de cangrejo enlatada.

Horneado de lentejas con patata

Este plato gusta tanto a los vegetarianos como a quienes no lo son. La deliciosa mezcla de lentejas, tofu y verduras se cubre con una crujiente capa de patata en un plato único que satisface cualquier apetito.

Para 4 personas

INGREDIENTES

COBERTURA:
675 g de patatas harinosas cortadas en dados
25 g de mantequilla
1 cucharada de leche
50 g de pacanas
2 cucharadas de tomillo fresco
ramitas de tomillo, para adornar

RELLENO:
225 g de lentejas rubias
60 g de mantequilla
1 puerro cortado en rodajas
2 dientes de ajo chafados
1 tallo de apio picado
125 g de ramitos de brécol
175 g de tofu ahumado cortado en dados
2 cucharaditas de pasta de tomate
sal y pimienta

1 Para la cobertura, hierva las patatas en agua durante 10-15 minutos o hasta que estén cocidas. Escúrralas bien, agregue la mantequilla y la leche y haga un puré. Incorpore las pacanas y el tomillo picado y resérvelo.

2 Hierva las lentejas en agua 20-30 minutos o hasta que estén tiernas. Escúrralas y resérvelas.

3 Derrita la mantequilla en una sartén y fría el puerro, el ajo, el apio y el brécol durante unos 5 minutos; después, añada el tofu.

4 Incorpore las lentejas en la preparación y añada la pasta de tomate. Salpimente al gusto y pásela a una fuente llana para el horno.

5 Con una cuchara, extienda el puré de patata por encima de la preparación de lentejas y recúbrala por completo.

6 Cueza el pastel en el horno precalentado a 200 °C, 30-35 minutos o hasta que la cobertura esté dorada. Adórnelo con ramitas de tomillo fresco y sírvalo caliente.

VARIACIÓN

Este plato se puede realizar con cualquier combinación de verduras. También se puede utilizar carne cocida cortada en lonchas en lugar de tofu.

1

3

4

Tartas de patata y berenjena

Estas tartas individuales hechas con capas de patata, berenjena y calabacín, y horneadas con una salsa de tomate se pueden preparar con antelación y dejar en la nevera hasta 24 horas antes de cocerlas.

Para 4 personas

INGREDIENTES

- 3 patatas mantecosas grandes, cortadas en rodajas finas
- 1 berenjena pequeña cortada en rodajas finas
- 1 calabacín cortado en rodajas
- 2 cucharadas de aceite vegetal
- 1 cebolla cortada en dados
- 1 pimiento verde cortado en dados
- 1 cucharadita de semillas de comino
- 1 lata de 200 g de tomate triturado
- 2 cucharadas de albahaca fresca
- 175 g de queso mozzarella en lonchas
- 225 g de tofu cortado en lonchas
- 60 g de pan rallado
- 2 cucharadas de queso parmesano
- sal y pimienta
- hojas de albahaca fresca, para adornar

1 Cueza las rodajas de patata en agua hirviendo 5 minutos. Escúrralas y resérvelas.

2 Coloque las rodajas de berenjena en un plato, espolvoree con sal y déjelas reposar 20 minutos. Escalde el calabacín en agua hirviendo 2-3 minutos. Escúrralo y resérvelo.

3 Mientras tanto, caliente 2 cucharadas de aceite en una sartén y fría la cebolla a fuego suave durante 2-3 minutos, hasta que se ablande. Añada el pimiento, las semillas de comino, la albahaca y el tomate. Salpimente. Cueza la salsa a fuego lento 30 minutos.

4 Lave la berenjena y séquela con papel de cocina. Caliente el resto del aceite en una sartén grande y fría las rodajas durante 3-5 minutos, dándoles la vuelta para que se doren por los dos lados. Escúrralas y resérvelas.

5 Cubra la base de 4 moldes individuales desmontables con la mitad de las rodajas de patata. Coloque encima la mitad de las rodajas de calabacín y berenjena y la mitad de la mozzarella. Extienda el tofu por encima y, a continuación, la salsa de tomate. Repita las capas de verdura y queso.

6 Mezcle bien el pan rallado con el parmesano y espolvoree por encima. Cueza las tartas en el horno precalentado a 190 °C durante 25-30 minutos o hasta que estén doradas. Adorne con hojas de albahaca.

3

5

6

Pan de boniato

Este pan de boniato, de color anaranjado, tiene un sabor exquisito. El dulzor de la miel se ve realzado por el amargor de la ralladura de naranja y por la canela.

Para 1 pan

INGREDIENTES

225 g de boniatos cortados en dados
150 ml de agua tibia
2 cucharadas de miel
2 cucharadas de aceite vegetal
3 cucharadas de zumo de naranja
75 g de sémola
225 de harina blanca para pan
1 bolsita de 7 g de levadura seca que sea fácil de mezclar
1 cucharadita de canela en polvo
la ralladura de 1 naranja
60 g de mantequilla

1 Engrase ligeramente un molde para pan de 675 g.

2 Cueza los boniatos en agua hirviendo 10 minutos o hasta que estén tiernos. Escúrralos bien y haga un puré suave.

3 Mientras tanto, en un cuenco grande, mezcle el agua, la miel, el aceite y el zumo de naranja.

4 Añada el puré de boniato, la sémola, tres cuartas partes de la harina, la levadura, la canela y la ralladura de naranja y mezcle bien hasta formar una masa. Déjela reposar unos 10 minutos.

5 Corte la mantequilla en trocitos y añádala a la masa con el resto de la harina. Amase unos 5 minutos, hasta que esté suave.

6 Coloque la masa en el molde preparado. Cúbrala y déjela en un lugar cálido durante 1 hora o hasta que haya doblado su tamaño.

7 Cueza el pan en el horno precalentado a 190 °C durante 45-60 minutos o hasta que la base suene a hueco al darle golpecitos. Sírvalo caliente, cortado en rebanadas.

SUGERENCIA

Si el pan no suena a hueco al golpear la base, retírelo del molde y vuelva a ponerlo en el horno unos minutos más, hasta que esté totalmente cocido.

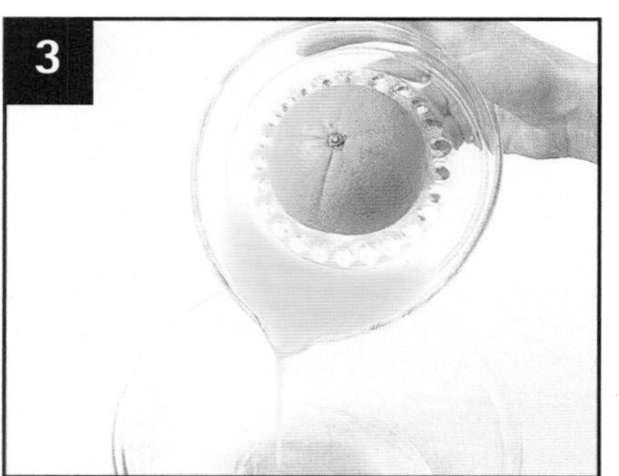

3

4

5

Trenza de patata y queso

Se recomienda comer este delicioso pan con sabor a queso y ajo recién salido del horno.

Para 1 pan de 450 g

INGREDIENTES

175 g de patatas cortadas en dados
2 bolsitas de 7 g de levadura seca que sea fácil de mezclar
675 g de harina blanca para pan
450 ml de caldo vegetal
2 dientes de ajo chafados
2 cucharadas de romero fresco picado
125 g de queso gruyère rallado
1 cucharada de aceite vegetal
1 cucharadita de sal

1 Engrase ligeramente y espolvoree con harina una bandeja llana para el horno.

2 Hierva las patatas 10 minutos o hasta que estén tiernas. Escúrralas y haga un puré.

3 Pase las patatas a un cuenco grande, añada la levadura, la harina, la sal y el caldo y mezcle hasta formar una masa suave.

4 Añada el ajo, el romero y 75 g de queso y amase 5 minutos. Forme un hoyo en la masa, vierta el aceite y siga amasando.

5 Cubra la masa y déjela en un lugar cálido $1^{1}/_{2}$ horas o hasta que haya doblado su volumen.

6 Vuelva a amasar y divídala en 3 porciones iguales. Extienda cada una de ellas hasta formar un cilindro de 35 cm de largo.

7 Presione un extremo de las tres tiras para juntarlas y empiece a trenzar; doble las puntas del final hacia abajo.

8 Coloque la trenza sobre la bandeja de hornear, cúbrala y deje que fermente 30 minutos.

9 Espolvoree el resto del queso por encima de la trenza y cuézala en el horno precalentado a 190 °C durante 40 minutos o hasta que la base del pan suene a hueco al golpearla ligeramente. Sírvalo caliente.

VARIACIÓN

En lugar de hacer una trenza, prepare una bandeja de panecillos con sabor a queso: son ideales para acompañar una buena sopa caliente.

4

6

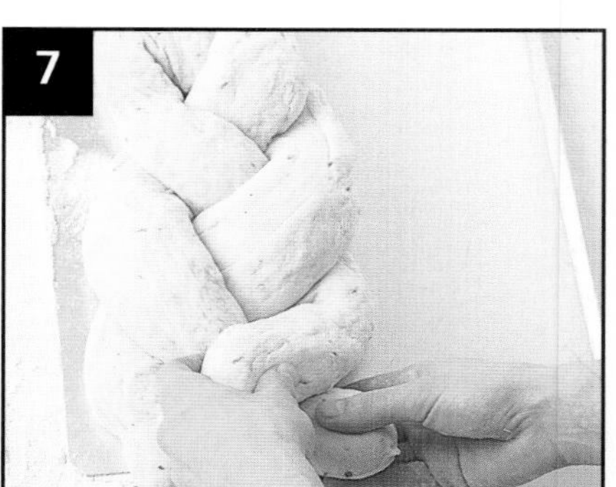

7

Bollitos de patata y nuez moscada

Estos bollitos son extraordinariamente deliciosos y pueden servirse calientes y untados con mantequilla.

Para 8 unidades

INGREDIENTES

225 g de patatas harinosas cortadas en dados
125 g de harina
1 1/2 cucharadas de levadura en polvo
1/2 cucharadita de nuez moscada rallada
50 g de pasas sultanas
1 huevo batido
50 ml de nata líquida espesa
2 cucharadas de azúcar moreno fino

1 Forre y engrase una bandeja de hornear.

2 Cueza las patatas en agua hirviendo 10 minutos o hasta que estén tiernas. Escúrralas bien y haga un puré.

3 Pase el puré de patata a un cuenco grande y tamice por encima la harina, la levadura y la nuez moscada.

4 Agregue las pasas, el huevo y la nata líquida y bata con una cuchara hasta que la mezcla esté suave.

5 Forme 8 redondeles de 2 cm de espesor y colóquelos sobre la bandeja de hornear.

6 Cueza los bollitos en el horno precalentado a 200 °C durante 15 minutos o hasta que hayan subido y estén bien dorados. Espolvoréelos con azúcar y sírvalos calientes, untados con mantequilla.

VARIACIÓN

Si lo prefiere, puede utilizar esta receta para hacer un solo pastel en lugar de 8 pastas individuales.

SUGERENCIA

Puede preparar los bollitos con antelación y después congelarlos. Cuando quiera servirlos, descongélelos del todo y caliéntelos en el horno a temperatura moderada.

3

4

5

Bollos de patata

Estos bollos de textura ligera suben en el horno como pequeños soufflés, *y es mejor comerlos recién horneados. Puede variar los frutos secos a su gusto.*

Para 12 unidades

INGREDIENTES

175 g de patatas harinosas cortadas en dados
75 g de harina de fuerza
2 cucharadas de azúcar moreno
1 cucharadita de levadura en polvo
125 g de pasas
4 huevos, con la yema separada de la clara

1 Engrase y espolvoree con harina 12 moldes para bollos .

2 Cueza las patatas en agua hirviendo unos 10 minutos o hasta que estén tiernas. Escúrralas bien y haga un puré suave.

3 Pase el puré de patata a un cuenco grande y agregue la harina de fuerza, el azúcar, la levadura, las pasas y las yemas de huevo. Mezcle bien.

4 En un cuenco limpio, bata las claras a punto de nieve. Con una cuchara metálica, incorpórelas con cuidado a la mezcla de patata para obtener una masa homogénea.

5 Divida la mezcla entre los moldes.

6 Cueza los bollos en el horno precalentado a 200 °C durante 10 minutos. Baje la temperatura a 160 °C y cuézalos otros 7-10 minutos más, o hasta que hayan subido.

7 Desmóldelos y sírvalos calientes.

VARIACIÓN

Si lo desea, puede añadir otros sabores a la masa, como canela o nuez moscada.

SUGERENCIA

En lugar de untar los bollos con mantequilla normal, puede hacerlo con una de canela que habrá preparado mezclando bien 60 g de mantequilla con un poco de canela.

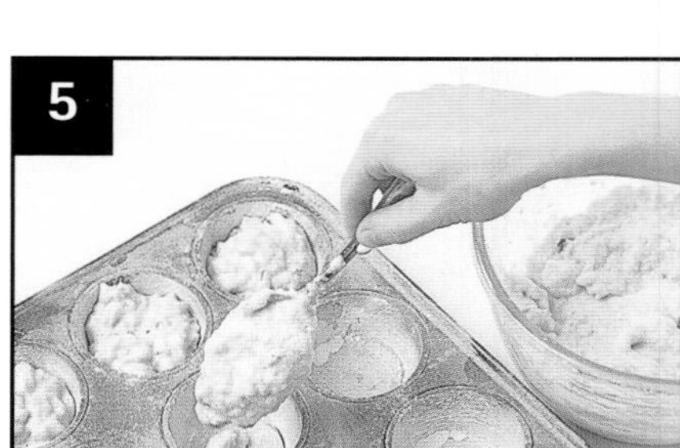

Pastel de frutas y boniato

Los boniatos combinan perfectamente con la fruta y el azúcar moreno en este delicioso pastel. Servido con un poco de nata y ralladura de naranja, resulta un postre muy atractivo.

Para 1 pastel de 18 cm de diámetro

INGREDIENTES

- 675 g de boniatos cortados en dados
- 1 cucharada de mantequilla derretida
- 125 g de azúcar de Demerara
- 3 huevos
- 3 cucharadas de leche
- 1 cucharada de zumo de limón
- la ralladura de 1 limón
- 1 cucharadita de semillas de alcaravea
- 125 g de frutas secas, como manzana, pera o mango, cortadas en dados
- 2 cucharaditas de levadura en polvo

1 Engrase ligeramente un molde para pastel de 18 cm.

2 Cueza los boniatos en agua hirviendo 10 minutos o hasta que estén tiernos. Escúrralos y haga un puré suave, con la leche.

3 Mientras esté caliente, pase el puré de boniato a un cuenco y agregue la mantequilla y el azúcar, removiendo para que se disuelvan.

4 Incorpore los huevos, el zumo y la ralladura de limón, las semillas de alcaravea y las frutas secas. Añada la levadura y mezcle.

5 Vierta la mezcla en el molde preparado.

6 Cueza el pastel en el horno precalentado a 160 °C durante 1-1¼ horas o hasta que esté bien cocido. Desmóldelo y deje que se enfríe sobre una rejilla metálica. Sírvalo cortado en rodajas gruesas.

VARIACIÓN

Si lo desea, añada unas gotas de ron o brandi a la mezcla en el paso 4, junto con los huevos y el limón.

SUGERENCIA

Este pastel es ideal como postre para una ocasión especial. Puede prepararlo con antelación y congelarlo envuelto en plástico de cocina. Descongélelo a temperatura ambiente durante 24 horas y caliéntelo en el horno a temperatura moderada antes de servirlo.

Índice